学/者/文/库/系/列

U0645417

中国西北地区乡村振兴路径研究

高 芳 著

哈尔滨工程大学出版社
Harbin Engineering University Press

内容简介

木书是专注于探索中国西北地区乡村振兴路径的学术著作。本书在深入研究西北地区人口、经济、社会、文化和生态等多方面现状的基础上,揭示了该地区乡村发展面临的挑战,并强调了乡村振兴的紧迫性和必要性。同时,通过挖掘西北地区的特色优势,如独特的地理位置、丰富的资源和深厚的文化底蕴,为乡村振兴的路径选择提供了有力支撑。还通过实证研究和案例分析,为西北地区的乡村振兴提供了丰富的实践经验和启示。最后,提出了针对西北地区乡村振兴发展的策略及建议。本书旨在引起社会各界对西北地区乡村振兴的广泛关注与深入思考,共同推动这一重要战略的实施与发展。

本书适合政策制定者与决策者、乡村振兴研究领域的专家学者及对西北地区感兴趣的人士阅读。

图书在版编目(CIP)数据

中国西北地区乡村振兴路径研究 / 高芳著. -- 哈尔滨 : 哈尔滨工程大学出版社, 2024.5
ISBN 978-7-5661-4357-0

Ⅰ. ①中… Ⅱ. ①高… Ⅲ. ①农村经济建设-研究-西北地区 Ⅳ. ①F327.4

中国国家版本馆 CIP 数据核字(2024)第 084510 号

中国西北地区乡村振兴路径研究
ZHONGGUO XIBEI DIQU XIANGCUN ZHENXING LUJING YANJIU

选题策划	夏飞洋
责任编辑	王　静
封面设计	李海波

出版发行	哈尔滨工程大学出版社
社　　址	哈尔滨市南岗区南通大街 145 号
邮政编码	150001
发行电话	0451-82519328
传　　真	0451-82519699
经　　销	新华书店
印　　刷	哈尔滨午阳印刷有限公司
开　　本	787 mm×1 092 mm　1/16
印　　张	14
字　　数	246 千字
版　　次	2024 年 5 月第 1 版
印　　次	2024 年 5 月第 1 次印刷
书　　号	ISBN 978-7-5661-4357-0
定　　价	78.00 元

http://www.hrbeupress.com
E-mail:heupress@ hrbeu.edu.cn

前　　言

在中国的广袤土地上,西北地区一直以其独特的地理、历史和文化背景引人注目。然而,受到历史、地理和经济等多重因素的叠加影响,西北地区的乡村发展一直滞后于其他地区。面对这一挑战,乡村振兴战略的实施显得尤为迫切和必要。

《中国西北地区乡村振兴路径研究》正是在这样的背景下诞生的。本书旨在深入挖掘西北地区乡村的现状及问题,探讨其乡村振兴的紧迫性和必要性,并在此基础上分析其可发展的条件与路径。本书不仅具有深厚的理论价值,还对于西北地区乡村的实际发展具有重要的指导意义。

首先,本书对西北地区乡村的现状及问题进行了全面的梳理和分析。通过对西北地区的人口、经济、社会、文化和生态等多个维度的深入研究,读者得以深入了解这一地区的真实状况和面临的问题。这不仅有助于读者理解西北地区乡村振兴的紧迫性,也为后续的路径研究奠定了坚实的基础。

其次,本书深入探讨了西北地区乡村振兴的必要性。随着国家对乡村振兴战略的重视程度不断加深,西北地区的乡村振兴已成为一个无法回避的重要议题。通过本书的论述,读者可以更加深入了解乡村振兴对于西北地区的重要性和意义。

再次,本书详细分析了西北地区乡村振兴的条件。尽管西北地区乡村发展面临诸多挑战,但其独特的地理位置、丰富的自然资源和深厚的历史文化底蕴也为乡村振兴提供了无限的可能性。本书从多个角度出发,深入挖掘了这些可发展的条件,为西北地区的乡村振兴提供了宝贵的思路和指明了发展方向。

最后,本书通过具体的案例和实证研究,为西北地区乡村振兴的路径探索提供了丰富的经验和启示。这些案例不仅为读者提供了生动的实际参考,更为后续的研究者提供了宝贵的研究素材和视角。

总之,《中国西北地区乡村振兴路径研究》一书是对西北地区乡村振兴的一次全面而深入的探索。通过本书的出版,著者希望能够引起社会各界对西北地区乡村振兴的广泛关注和深入思考,共同为这一伟大事业的推进贡献力量。

著 者

2024 年 2 月

目　　录

第1章 绪 论

1.1 研究背景和意义

1.1.1 研究背景

随着中国社会经济的快速发展,城乡差距逐渐成为突出的问题。特别是西北地区,由于受到历史、地理、经济等多重因素的影响,乡村发展严重滞后。在这样的背景下,乡村振兴战略的实施显得尤为迫切,同时西北地区作为中国的重要区域,其乡村振兴的成效直接影响国家的整体发展。

1.1.2 研究意义

1. 理论意义

本书对于西北地区的乡村振兴进行了系统的研究和梳理,丰富了乡村振兴的理论体系。通过对西北地区乡村的现状、问题、条件和路径进行深入研究,为乡村振兴的理论研究提供了新的视角和思考。

2. 实践意义

本书不仅为政策制定者提供了决策参考,更为西北地区的乡村发展提供了具体的路径和策略。这有助于推动西北地区乡村振兴的可持续发展,提高乡村居民的生活质量,实现乡村与城市的协调发展。

3. 学术价值

本书通过对西北地区乡村振兴的深入研究,为学术界提供了宝贵的案例。这对于其他地区乃至全国的乡村振兴研究都具有重要的参考价值,为后续的学术研究提供了丰富的素材和经验。

4. 社会价值

本书的出版，能够引起社会各界对西北地区乡村振兴的关注，激发更多的力量参与到这一伟大事业中。这不仅有助于推动西北地区乡村的发展，更有助于实现整个社会的和谐与进步。

综上所述，本书的出版具有重要的理论、实践、学术和社会价值。它不仅为解决西北地区乡村振兴问题提供了有益的参考，更为中国的乡村振兴战略的实施提供了宝贵的经验和启示。

1.2　研究目的和任务

1.2.1　研究目的

本书旨在深入探讨西北地区乡村振兴的路径和方法。主要目的有以下几点：

1. 理论构建

构建和完善西北地区乡村振兴的理论框架，为后续的研究和实践提供指导和参考。

2. 问题识别

系统梳理西北地区乡村发展中存在的问题和困境，找到制约其发展的主要因素。

3. 路径探索

结合西北地区的实际情况，探索适合该地区的乡村振兴路径和模式。

4. 策略制定

制定具体的乡村振兴策略和措施，为政策制定者和乡村发展实践者提供决策依据。

5. 案例研究

通过深入的案例研究，总结其发展过程中的经验和教训，为其他相似地区提供借鉴。

1.2.2　研究任务

1. 理论整合

整合国内外关于乡村振兴的理论,结合西北地区的实际情况,构建具有针对性的理论框架。

2. 问题诊断

通过实地调查和数据分析,深入了解西北地区乡村发展的瓶颈和挑战,为后续的路径探索提供依据。

3. 模式创新

在理论和实践的基础上,提出适合西北地区特点的乡村振兴模式,包括发展思路、实施策略和保障措施等。

4. 政策建议

根据研究结果,为政府和相关机构提供具体的政策建议和实施方案,推动西北地区乡村振兴的落地实施。

5. 经验推广

总结和推广西北地区乡村振兴的成功案例和经验,促进区域内的交流与合作,推动全国范围内的乡村振兴进程。

1.3　研究方法和路径

1.3.1　研究方法

1. 文献综述

系统梳理国内外关于乡村振兴的理论和实践文献,为研究提供扎实的理论基础。

2. 实地调查

通过问卷调查、访谈、观察等方式,深入了解西北地区乡村的实际情况,收集第一手资料。

3. 数据分析

运用统计软件和数据分析方法,对收集的数据进行整理、分析和解读,挖掘深层次规律。

4. 比较研究

将西北地区与其他地区进行比较,找出西北地区乡村振兴的独特性和挑战。

5. 案例研究

选择具有代表性的乡村进行深入的案例分析,总结其发展过程中的经验和教训。

1.3.2 研究路径

1. 理论框架构建

对乡村振兴的相关理论进行系统梳理,结合西北地区的实际情况,构建具有针对性的理论框架。

2. 问题诊断与识别

通过实地调查和数据分析,深入了解西北地区乡村的实际情况,系统梳理存在的问题和挑战,为后续的路径探索提供依据。

3. 路径探索与模式创新

在理论框架和问题诊断的基础上,结合国内外乡村振兴的成功经验,提出适合西北地区乡村振兴的路径和模式。

4. 政策建议与实施方案

将研究结果与西北地区乡村的实际情况有效结合,为政府和有关部门提供可行的政策建议与实施方案,加快西北地区乡村振兴的步伐。

5. 经验总结与推广

对西北地区乡村振兴的成功案例进行总结和提炼,通过学术交流、政策宣传等方式,促进经验推广和区域合作。

第 2 章　乡村振兴的理论基础

2.1　乡村振兴的内涵与外延

乡村振兴战略是习近平同志于 2017 年 10 月 18 日在党的十九大报告中提出的战略。党的十九大报告指出,农业农村农民问题是关系国计民生的根本性问题,必须始终把解决好"三农"问题作为全党工作重中之重,实施乡村振兴战略。

全面建成小康社会和全面建设社会主义现代化国家,最艰巨最繁重的任务在农村,最广泛最深厚的基础在农村,最大的潜力和后劲也在农村。实施乡村振兴战略,是解决新时代我国社会主要矛盾、实现中华民族伟大复兴中国梦的必然要求,具有重大现实意义和深远历史意义。实施乡村振兴战略是建设现代化经济体系的重要基础;是建设美丽中国的关键举措;是传承中华优秀传统文化的有效途径;是健全现代社会治理格局的固本之策;是实现全体人民共同富裕的必然选择。

中共中央、国务院高度重视乡村振兴工作,先后出台了《中共中央国务院关于实施乡村振兴战略的意见》《乡村振兴战略规划(2018—2022 年)》。各地区各部门认真贯彻落实中央决策部署,坚持因地制宜、循序渐进、突出重点、统筹协调的基本原则,扎实推进乡村振兴各项工作。

2.1.1　农村地区在我国经济社会发展中的重要地位

农村地区是我国经济社会发展的重要基础,其发展状况直接关系到国家的整体实力和人民的福祉。因此,全面建成小康社会和全面建设社会主义现代化国家,最艰巨最繁重的任务在农村。

农村地区拥有丰富的自然资源和广阔的市场空间,是保障国家粮食安全、促进农民增收的重要基地。然而,由于历史原因和现实条件限制,农村地区的经济发展相对滞后,农民收入增长缓慢,城乡差距不断扩大。因此,推动农村地区的发展成为实现全面建成小康社会的关键所在。

农村地区是中华优秀传统文化的重要载体之一,保护和传承好农村地区的文化遗产对于弘扬中华优秀传统文化具有重要意义。同时,加强农村文化建设也是提高农民文化素质、促进乡村文明进步的重要途径。乡村振兴战略的实施,能够更好地保护和传承中华优秀传统文化遗产,推动农村文化的繁荣发展。

农村地区还是我国重要的生态屏障区域,生态环境保护与治理对维护国家生态安全至关重要。实施乡村振兴战略可以促进农村生态环境改善和农业绿色发展,为建设美丽中国做出贡献。

综上所述,农村地区在我国经济社会发展中扮演着重要角色。全面建成小康社会和全面建设社会主义现代化国家离不开农村地区的支持和贡献。我们应该高度重视农村地区的发展问题,采取有效措施推进农村经济社会发展,为实现中华民族伟大复兴的中国梦做出更大的贡献。

2.1.2 农村地区拥有丰富的资源和广阔的市场,其发展潜力和后劲巨大

实施乡村振兴战略,可以充分发挥农村地区的优势,推动经济社会的持续健康发展,这不仅是解决新时代我国社会主要矛盾、实现中华民族伟大复兴中国梦的必然要求,也是推动城乡一体化发展、缩小城乡差距的重要途径。

新时代我国社会主要矛盾已经转化为人民日益增长的美好生活需要和不平衡不充分的发展之间的矛盾,实施乡村振兴战略是解决新时代我国社会主要矛盾的必然要求。一方面,通过实施乡村振兴战略,加快推进农业农村现代化建设,提高农业生产效率和产品质量,满足人民对美好生活的需求;另一方面,通过实施乡村振兴战略,推动城乡融合发展,缩小城乡差距,实现共同富裕。

实施乡村振兴战略也是推动经济持续健康发展的重要途径。农村地区拥有丰富的自然资源和广阔的市场空间,通过加强农村基础设施建设、优化产业结构、推广先进技术等措施,可以促进农村经济转型升级,培育新的经济增长点,推动经济社会持续、健康发展。

同时,实施乡村振兴战略还可以传承和弘扬中华优秀传统文化。农村地区是中华优秀传统文化的发源地之一,通过保护和传承传统文化遗产、弘扬乡村

文明风尚等举措,可以提高农民的文化素质和道德水平,增强文化自信和文化自觉,推动中华优秀传统文化创造性转化和创新性发展。

具体来说,实施乡村振兴战略具有以下重要意义:

1. 乡村振兴战略是建设现代化经济体系的重要基础

乡村振兴战略能够促进农村地区的经济发展,增加农民收入,提高农业效益,为建设现代化经济体系提供有力支撑。

2. 乡村振兴战略是建设美丽中国的关键举措

乡村振兴战略可以改善农村生态环境,保护自然资源和文化遗产,推动绿色发展,为建设美丽中国贡献力量。

3. 乡村振兴战略是传承中华优秀传统文化的有效途径

农村地区是中华优秀传统文化的重要载体,实施乡村振兴战略可以促进传统文化的保护和传承,让传统文化在新时代焕发新的活力。

4. 乡村振兴战略是健全现代社会治理格局的固本之策

加强农村基层组织建设和社会治理,可以提高农村地区的治理水平,实现社会和谐稳定。

5. 乡村振兴战略是实现全体人民共同富裕的必然选择

乡村振兴战略能够促进农村地区的经济发展和民生改善,增加农民收入,缩小城乡差距,实现全体人民共同富裕的目标。

综上所述,实施乡村振兴战略对于我国经济社会发展具有重大的现实意义和深远的历史意义,我们应该高度重视乡村振兴工作。

2.2　乡村振兴的理论框架

以习近平同志为核心的党中央提出"实施乡村振兴战略"这一部署,有其深刻的历史背景和现实依据,是从党和国家事业发展全局做出的一项重大战略决策。事实上,我们党始终将农业农村农民问题置于关系国计民生的战略高度和核心地位,始终把解决好"三农"问题作为全党工作重中之重。

实施乡村振兴战略,是开启全面建设社会主义现代化国家新征程的必然选择。党的十九大报告强调:"农业农村农民问题是关系国计民生的根本性问题,必须始终把解决好'三农'问题作为全党工作重中之重。"这是党的十九大报告对"三农"地位的总判断,既有"重中之重"地位的再强调,又有"关系国计民生的根本性问题"的新定调。这表明,"三农"作为国之根本,"三农"工作重中之重的地位依然没有变,特别是在新时期解决人民日益增长的美好生活需要和不平衡不充分的发展之间的矛盾,实现决胜全面小康的大头、重点和难度都在"三农","三农"工作重中之重的地位不仅不能削弱,而且更要加强。实施乡村振兴战略是我国全面建成小康社会的关键环节,是实现中华民族伟大复兴中国梦的客观要求,也是我们党落实为人民服务这一根本宗旨的重要体现。

2.2.1　西北地区乡村振兴的理论框架基础

西北地区乡村振兴的理论框架基础,可以从以下几个方面进行详细说明和分析。

1. 发挥农村地区的比较优势

西北地区拥有丰富的自然资源和独特的地理条件,如草原、沙漠、戈壁等景观,可以发展特色农业、旅游产业等,充分发挥这些资源的比较优势。同时,还可以利用当地的气候和土壤条件,发展适合的农作物和畜产品。

2. 加强基础设施建设

加强农村道路、水利、电力、通信等基础设施的建设,改善农民的生产生活条件,提高农村居民的生活质量。同时,还可以通过建设乡村旅游设施、文化广场等,为农村居民提供更多的休闲娱乐场所。

3. 优化产业结构

推动农村产业结构调整,增加农民收入。例如,可以利用当地的资源优势,发展特色农业;同时也可以引进龙头企业,带动相关产业发展,形成产业链条。

4. 推广先进技术

加强农业科技创新和应用,提高农业生产效率和质量。例如,可以通过引进优良品种、推广先进种植技术等方式,提高农产品产量和质量;同时也可以利用信息技术手段,实现农业生产的智能化和精准化。

5. 保护生态环境

坚持绿色发展的理念,加强农村生态环境保护。例如,可以通过推广清洁能源、减少农药使用等方式,降低对环境的污染;同时也可以加强对自然资源的保护和管理,维护生态平衡。

6. 提高农民素质和技能水平

加强农民技能培训和教育,提高农民的文化素质和职业技能水平。例如,可以通过开展职业培训、科技下乡等活动,帮助农民掌握先进的生产技术和经营管理知识;同时也可以鼓励农民创新创业,激发他们的创造力和创新精神。

7. 推进城乡一体化发展

加强城乡之间的交流与合作,促进城乡融合发展。例如,可以通过建立城乡互助机制、推进户籍制度改革等方式,促进城乡之间的人员流动和资源共享;同时也可以加强城乡公共服务的均等化建设,缩小城乡差距。

总之,西北地区乡村振兴需要从多个方面入手,包括发挥农村地区的比较优势、加强基础设施建设、优化产业结构、推广先进技术、保护生态环境、提高农民素质和技能水平以及推进城乡一体化发展等,只有这样才能够实现西北地区乡村全面振兴。

2.2.2　西北地区乡村振兴的政策和地理条件

1. 政策方面

(1)产业扶持

政府通过投资、税收优惠等政策,鼓励企业到西北地区发展特色产业,带动就业增长。

(2)基础设施建设

政府加大对西北地区基础设施建设的投入力度,包括交通、水利、能源等方面,提高农村的生产生活水平。

(3)社会服务保障

政府不断完善社会服务保障体系,如教育、医疗、社保等方面的政策,为农民提供更好的公共服务。

(4)生态保护

政府重视生态环境保护,采取一系列措施,如退耕还林、水土保持等,改善生态环境质量,促进可持续发展。

2. 地理条件方面

(1)自然资源

西北地区拥有丰富的自然资源和独特的地理位置优势,如矿产资源、土地资源等,为我国经济发展提供了有力支撑。

(2)气候条件

西北地区气候多样,具有较为优越的自然条件,有利于农业生产和农副业的发展。

(3)人文环境

西北地区的历史文化底蕴深厚,民风民俗独特,为乡村振兴提供了丰富的文化资源和旅游资源。

综上所述,西北地区的乡村振兴需要政府制定科学合理的政策和措施,同时也需要充分利用当地的自然资源和地理位置优势,从而推动农村经济社会发展。

2.3 乡村振兴的国际经验与启示

乡村振兴并不是一个国家或地区独有的发展路径,许多国家在工业化和城市化的发展进程中,都面临过乡村衰退的问题。这些国家通过一系列的措施,成功地实现了乡村振兴,为其他国家提供了宝贵的经验。

2.3.1 乡村振兴的国际经验

美国在乡村发展中非常重视农业的基础地位。早在 1862 年,美国农业部就明确了农业在国民经济中的重要地位,并制定了一系列农业政策来促进农业的发展。这些政策覆盖了土地和水资源保护、农业科技发展、农业价格和收入支持、农业信贷、农业税收和农产品对外贸易等方面。农业补贴作为农业政策的核心,在促进美国农业发展和乡村建设方面起到了关键作用。此外,美国还注重提高农业生产效率,通过政府技术引导与资金投入,促进了农业、工业、服务业三产业的有机融合。

德国在乡村振兴方面采取了"村庄更新"策略。德国政府通过宏观规划制定和综合管理,依靠制度建设和法律框架的完善来推动"村庄更新"的有序发展。这种策略不仅关注物质环境的改善,还注重社会、经济和环境的整体提升,以实现乡村的可持续发展。

2.3.2　乡村振兴的国际经验启示

国际上的乡村振兴经验给我们带来了许多启示。

1. 经济发展管理部门主导

（1）制定全面和长期的规划

乡村振兴是一个长期、系统的工程,需要有一个全面和长期的规划作为指导。经济发展管理部门应该根据当地实际情况,综合考虑经济、社会、文化、生态等多个方面,制定出符合当地实际的全面和长期的规划。例如,针对西北地区的自然条件和资源优势,可以制定一个长期的发展战略,包括特色农业、旅游业、基础设施建设等方面,为乡村振兴提供明确的发展方向和目标。

（2）确保政策的连续性和稳定性

政策的连续性和稳定性是乡村振兴的重要保障。经济发展管理部门应该制定出具有连续性和稳定性的政策,避免政策频繁变动对乡村振兴造成不利影响。例如,对于已经确定的农业支持政策,应该保持一定的稳定性,避免因政策频繁变动导致农民失去信心。同时,对于一些重大政策的调整,应该进行充分的调研和论证,确保政策的科学性和合理性。

（3）引导和协调各方资源

乡村振兴需要政府、企业、农民等各方的共同参与和努力。经济发展管理部门应该发挥引导和协调的作用,调动各方面的资源,形成合力。例如,可以引导企业到乡村投资兴业,为当地农民提供就业机会;同时也可以鼓励农民创新创业,发展乡村经济。通过引导和协调各方资源,可以更好地推动乡村振兴的实现。

（4）加强监督和评估

为了确保乡村振兴的顺利实施,经济发展管理部门还应该加强监督和评估工作。例如,可以定期对乡村振兴工作进行检查和评估,及时发现问题并进行整改;同时也可以通过建立信息反馈机制,及时了解农民的需求和意见,为政策调整提供依据。通过监督和评估工作,可以更好地推动乡村振兴工作的开展。

总之,经济发展管理部门在乡村振兴中发挥着重要的主导作用,只有将以上措施落实到位,才能够更好地推动乡村振兴工作的开展,实现乡村经济的全面振兴。

2.农业基础地位不容忽视

(1)重视农业的基础地位

农业是农村经济的支柱,也是国家粮食安全的重要保障。在乡村振兴中,必须始终把农业放在基础地位,通过政策扶持、资金投入等方式,提高农业综合生产能力,确保粮食安全和农民增收。

例如,政府可以加大对农业的投入,加强农田水利等基础设施建设,提高农业抗灾能力;同时推广先进的农业技术和装备,提高农业生产效率。此外,还可以通过完善农业保险、农产品价格支持等政策,降低农业生产风险,保障农民收入的稳定增长。

(2)农业现代化和产业化

农业现代化和产业化是提高农业生产效率和农民收入的重要途径。通过现代化的技术和手段,可以实现农业生产的规模化、集约化、智能化,提高农业生产效益。同时,农业产业化可以将农业与二、三产业融合,延长产业链条,提高农产品附加值和农民收入。

例如,可以引进现代化的农业装备和技术,提高农业生产效率;同时推广农业标准化生产,提高农产品质量。此外,还可以鼓励农民成立专业合作社、家庭农场等新型经营主体,实现农业生产的组织化和规模化。在产业化方面,可以引导企业投资农业深加工,开发特色农产品,提高农产品附加值和市场竞争力。

(3)乡村环境与生态平衡的维护

乡村环境与生态平衡的维护是乡村振兴中不可或缺的一环。良好的生态环境是乡村发展的重要资本,也是吸引游客和投资的重要因素。因此,在乡村振兴中,必须注重生态环境的保护和修复。

例如,加强对乡村水资源的保护和合理利用,防治水污染;推广有机农业和绿色农业,减少化肥和农药的使用;加强森林、草原等生态系统的保护和修复;推进乡村垃圾分类和资源化利用等。这些措施可以保护乡村的生态环境,实现绿色发展。

(4)绿色发展

绿色发展是乡村振兴的重要方向之一。在乡村振兴中,必须坚持绿色发展理念,推动乡村经济与生态环境的协调发展。

例如,可以发展乡村旅游、绿色食品等产业,推动乡村经济的绿色转型;同时加强对乡村生态环境的监管和评估,确保经济活动的生态可持续性。此外,还可以推广可再生能源、节能减排等技术,推动乡村经济的低碳化发展。

综上所述,在乡村振兴中要重视农业的基础地位,通过农业现代化和产业化来提高农业生产效率和农民收入;同时注重乡村环境的保护和生态平衡的维护,实现绿色发展,才能真正实现乡村经济的全面振兴和社会可持续发展。

3. 社会各界参与,形成多元共治模式,推动乡村可持续发展

(1)鼓励社会各界参与乡村振兴

乡村振兴需要政府、企业、社会组织和个人等各方的共同参与。政府应该发挥主导作用,制定相关政策,引导和激励社会各界参与乡村振兴,为乡村的发展贡献力量。

例如,政府可以出台相关政策,鼓励企业到乡村投资兴业,推动乡村经济发展;社会组织可以发挥自身优势,开展乡村公益事业,帮助改善乡村基础设施和公共服务;个人也可以通过旅游、志愿服务等方式,为乡村发展贡献自己的力量。

(2)形成多元共治模式

多元共治模式是乡村振兴的重要保障。通过政府、企业、社会组织和个人等各方的共同参与,实现优势互补、资源共享,形成合力,从而推动乡村发展。同时,多元共治模式还可以促进不同利益相关者之间的沟通与协调,减少矛盾和冲突,确保乡村发展的稳定性和可持续性。

例如,在乡村基础设施建设方面,政府可以与企业和社会组织合作,共同投资建设;在乡村产业发展方面,政府可以引导企业到乡村投资,同时鼓励农民成立专业合作社,实现产销对接;在乡村公共服务方面,政府可以与社会组织合作,提供教育、医疗等服务,提高乡村公共服务的水平。

(3)推动乡村可持续发展

乡村振兴的最终目的是实现乡村的可持续发展。这需要各方共同推动乡村的经济、社会和生态的协调发展。

例如,在经济发展方面,可以通过引进企业、发展特色产业等方式,提高乡村经济的竞争力;在社会方面,可以加强乡村教育、医疗等基础设施建设,提高农民的生活质量;在生态方面,可以加强环境保护和生态修复工作,实现绿色发展。

总的来说,乡村振兴是一个复杂而长期的过程,需要借鉴国际经验并结合本国国情来制定具体的发展策略。只有通过政府、社会各界和全体人民的共同努力,才能实现乡村的全面振兴。

第3章 西北地区乡村的
现状分析

在中国的广袤大地上,西北地区以其独特的地理、历史和文化背景,形成了别具一格的乡村风貌。然而,随着时代的变迁和全球化的冲击,这些乡村面临着诸多挑战和机遇。本章将深入探讨西北地区乡村的现状,分析其存在的机遇与挑战,以期为乡村振兴战略的实施提供有益的参考。

3.1 西北地区乡村的地理
环境与资源条件

西北地区乡村的地理环境和资源条件对其发展具有重要影响。以下是对这些影响的详细分析和解读。

3.1.1 地理位置与地形地貌

西北地区位于中国的内陆,大兴安岭以西,昆仑山—阿尔金山—祁连山和长城以北。地势由东向西逐渐升高,地形以高原和盆地为主,其中东部主要是内蒙古高原,西部高山和盆地相间分布。这种地形地貌特点对当地的经济和社会发展产生了深远的影响。以下是对这些影响的详细分析。

1. 地形地貌特点

西北地区的地势由东向西逐渐升高,地形以高原和盆地为主。其中,东部主要是内蒙古高原,而西部则分布着高山和盆地。这种地形地貌的多样性使得该地区的交通极为不便。

2. 对交通的影响

由于地形地貌的限制,西北地区的交通网络相对落后。这不仅影响了当地居民的出行,还制约了外部资源和投资进入该地区。交通不便使得物流成本增加,从而影响了农产品的销售和工业原材料的运输。对于经济发展而言,缺乏便捷的交通是一个重大的障碍。

3. 对农业的影响

农业是西北地区的主要经济支柱之一。然而,由于地形地貌复杂,很多地方并不适合大规模的农业耕作。同时,由于交通不便,农业技术和现代化设备难以进入该地区,影响农业生产效率的提高。这导致西北地区的农业发展面临巨大的挑战。

4. 对经济发展的影响

由于交通不便和地形地貌的限制,西北地区的经济发展相对滞后。尽管该地区拥有丰富的矿产资源和水资源,但由于缺乏有效的开发和利用手段,这些资源并没有得到充分的利用。此外,由于地理位置偏远和交通不便,很多企业和投资项目更倾向于选择其他地区,这进一步制约了西北地区的经济发展。

5. 对社会发展的影响

交通不便和经济发展滞后对西北地区的社会发展产生了负面影响。教育、医疗等公共服务设施相对落后,这使得当地居民的生活质量受到制约。同时,经济发展机会有限,很多年轻人选择离开家乡寻找更好的发展机会,这导致了人才流失和人口老龄化问题。

综上所述,西北地区的地形地貌特点对该地区的经济和社会发展产生了深远的影响。为了促进该地区的可持续发展,需要加强基础设施建设,特别是交通设施,同时加大对该地区资源开发和经济发展的支持力度。此外,还需要重视教育和人才培养,为当地居民创造更多的就业和发展机会。

3.1.2　气候条件

西北地区的气候类型为温带大陆性气候,这种气候有其显著的特点和影响。以下是对这些特点和其对农业生产和生态环境的影响的详细分析。

1. 气候特点

（1）夏季炎热，冬季寒冷

温带大陆性气候的夏季通常干燥炎热，而冬季则寒冷干燥。这种气温的剧烈变化使得该地区的季节性差异明显。

（2）降水稀少

西北地区远离海洋，湿润气流难以到达，导致大部分地区的年降水量在400毫米以下，有的甚至在50毫米以下。这种降水稀少的特点使得该地区的水资源极为匮乏。

2. 对农业生产和生态环境的影响

（1）干旱少雨，水资源匮乏

由于降水稀少，西北地区的水资源非常有限，农业灌溉成为西北地区的一大难题，极大地限制了其农业的发展。干旱的气候条件还可能导致土地沙化、土壤贫瘠化等问题，进一步加剧了该地区农业生产的压力。

（2）生态环境压力

持续的干旱少雨和水资源匮乏给西北地区的生态环境带来了很大的压力，如植被生长受限，土壤侵蚀问题严重，生态系统稳定性受到威胁。此外，过度开采和不合理利用水资源也会对生态环境造成破坏。

为了应对这些挑战，西北地区需要采取一系列措施来改善其气候条件、加强水资源管理和保护生态环境。例如，推广节水农业技术、加强水资源管理和保护、实施退耕还林还草等生态工程等。这些措施有助于提高农业生产的效益和生态环境的稳定性，促进该地区农业的可持续发展。

3.1.3　水资源

由于气候干旱，西北地区的河流和湖泊数量较少，且多为季节性河流。河流水量较小，季节变化明显，这使得该地区的水资源十分有限。同时，由于地形地貌的特点，地下水资源的开发也受到很大限制。以下是关于该地区河流、湖泊和地下水资源的详细分析。

1. 河流与湖泊

（1）数量与特性

由于气候干旱，西北地区的河流和湖泊数量相对较少，且多为季节性河流和时令湖。这意味着这些水体只在特定季节或降雨后存在，其余时间可能干涸。

（2）水量的季节性变化

这些河流的水量较小,季节变化明显。在雨季或降水的时期,水流量会增加;而在旱季,河流可能会干涸或大流量大大减少。这种不稳定的水供应使得该地区的水资源十分有限。

（3）生态环境影响

季节性河流和湖泊对于生态系统的维持具有重要作用。然而,由于其不稳定性,它们也面临着生态环境压力。例如,它们可能无法持续地为周边的植被提供足够的水分,导致植被覆盖减少和土地进一步沙化。

2. 地下水资源

（1）开发难度

由于地形地貌的限制,西北地区的地下水资源的开发受到很大的影响。例如,一些地方的石质或沙质土壤可能不易渗透,使得地下水难以形成和储存。

（2）过度开采的风险

即使在某些地方存在地下水,但由于历史上的过度开采和其他因素,这些资源可能已经面临枯竭的风险。

（3）污染问题

随着人类活动的增加,尤其是农业和工业活动,西北地区的地下水面临着被污染的风险,这进一步减少了可利用的水资源量。

综上所述,西北地区由于其特定的气候和地形地貌条件,面临着水资源短缺和水质下降的双重挑战。为了确保该地区的水安全和生态平衡,相关部门需要采取综合措施来管理和保护现有水资源,同时探索新的水资源开发途径。

3.1.4　土壤条件

西北地区的土壤以草原土壤和荒漠土壤为主,土壤发育较差,导致了一系列与农业相关的问题。以下是具体的例子和详细分析。

1. 土壤类型与发育

西北地区的土壤主要以草原土壤和荒漠土壤为主。草原土壤通常具有较低的有机质含量,这意味着它们缺乏足够的营养物质来支持植物的生长。荒漠土壤则更为贫瘠,通常含有较少的有机质和养分。

这些土壤的发育较差意味着它们没有经过长时间的积累和转化,因此其结构和肥力都不理想,这进一步影响了植物的生长和农作物的产量。

2. 土壤肥力与农业种植

由于上述土壤的特性,西北地区的土地肥力普遍较低。这意味着即使种植了作物,其产量也往往不如其他地区。例如,西北地区某农场的玉米产量仅为每公顷①1 000千克,远低于全国平均水平。

为了提高产量,农民经常需要施用大量的化肥,这不仅增加了生产成本,还可能对土壤和水资源造成负面影响。例如,过量的氮、磷等营养物质可能导致水体富营养化。

3. 土壤退化与可持续农业

由于土壤肥力不足和过度使用化肥,西北地区的土壤退化问题日益严重。这不仅影响了作物的生长,还可能导致土地的进一步沙化和其他环境问题。

综上所述,西北地区的土壤条件对其农业种植带来了许多挑战。为了实现可持续农业,西北地区需要采取一系列措施来改善土壤质量,包括合理施肥、轮作、土地管理和水土保持等。同时,政策制定者也需要为农民提供更多的政策支持和激励机制,以促进农业的可持续发展。

3.1.5 植被覆盖

西北地区荒漠和草原广布,其中东部高原以草原为主,向西逐渐过渡为荒漠。西部盆地中有大面积的沙漠分布,植被覆盖率低,导致土地沙漠化严重,土地退化现象严重,对该地区的生态系统和农业活动带来了显著的影响。以下是对该地区生态状况的详细分析。

1. 荒漠与草原的分布特点

西北地区的东部高原主要是草原地带,这些草原为当地的畜牧业提供了丰富的草料。然而,向西逐渐过渡到荒漠,表明该地区的自然条件逐渐变得恶劣。

西部的一些盆地中,有大面积的沙漠分布,如塔克拉玛干沙漠。这些沙漠的形成与自然环境和人类活动密切相关,而沙漠的扩张也对当地居民的生活和生态环境带来了巨大压力。

2. 土地沙漠化的影响

由于荒漠和草原的植被覆盖较少,土地沙漠化现象在西北地区尤为突出。土地沙漠化不仅导致土地的生产力下降,还可能引发一系列生态问题,如沙尘

---

① 1公顷=10 000平方米

暴、土地退化等。

例如,某年强沙尘暴席卷西北地区,给当地居民的生产和生活带来了极大的不便。这不仅影响了交通和通信,还对农业生产和畜牧业造成了严重损失。

3.应对策略与可持续发展

为了应对这些生态挑战,西北地区需要采取一系列综合措施。

(1)植被恢复

通过植树造林、草场保护等措施,增加植被覆盖,减缓土地沙漠化的进程。

(2)合理利用资源

引导农民合理使用化肥和农药,避免对土壤和水资源造成过度污染。

(3)水土保持

采取工程措施,如修建梯田、排水系统等,防止水土流失。

(4)政策引导

制定有利于可持续发展的政策,鼓励农民采取环保的生产方式。

(5)教育宣传

通过教育宣传提高当地居民的环保意识,让他们认识到保护环境的重要性。

综上所述,西北地区的荒漠和草原分布特点给当地带来了巨大的生态挑战。为了实现可持续发展,需要从多个方面入手,采取综合措施来改善当地的生态环境。

3.1.6　其他资源

尽管自然条件相对恶劣,西北地区却蕴藏着丰富的矿产资源,如石油、天然气、煤炭等,这些资源的开发与利用对该地区的经济发展起到了关键的推动作用。以下是对这一现象的详细分析。

1.丰富的矿产资源

西北地区拥有大量的石油、天然气和煤炭等矿产资源。这些资源不仅储量巨大,而且品质较高,为该地区的工业发展奠定了坚实的基础。

例如,某石油公司在西北地区发现了大量油田,并进行了大规模的开采。这不仅为当地创造了大量的就业机会,还为国家提供了重要的能源来源。

2.资源开发对经济的推动作用

随着这些矿产资源的不断开发,西北地区的经济得到了显著的提升。

首先,资源开采直接促进了当地工业的发展,为当地居民提供了大量的就业机会。

其次,这些资源经过加工后,可以转化为各种产品,如化工原料、电力等,进一步推动了西北地区的产业链发展。

最后,由于矿产资源的开发,西北地区的交通、物流等基础设施也得到了改善,为当地的商业和贸易活动提供了便利。

3.可持续发展与环境保护

虽然矿产资源的开发为西北地区带来了巨大的经济效益,但同时也需要注意环境保护和可持续发展。过度开采可能导致资源枯竭、环境污染等问题。因此,合理规划、科学开采以及环境保护措施的采取至关重要。

例如,为了确保资源的可持续利用,某石油公司采用了先进的开采技术,同时投资于环境保护项目,确保在开采过程中减少对当地生态的影响。

综上所述,西北地区的地理环境和资源条件对其发展带来了很大的挑战。为了实现可持续发展,需要采取有效的措施,如加强基础设施建设、调整产业结构、保护生态环境等,以充分利用其资源优势,克服地理环境的限制。

3.2 西北地区乡村的经济社会发展现状

西北地区乡村经济社会发展现状受多种因素影响,具有自身独特的特点和挑战。以下是对这一现状的详细分析和解读。

3.2.1 经济发展水平

西北地区乡村的经济发展水平相对较低,与东部和中部地区存在较大差距,这主要表现在人均收入、产业结构、就业情况等方面。受到资源条件和地理环境的限制,西北地区的产业结构单一,主要以农业为主,且缺乏深加工能力,导致经济效益低下。同时,西北地区的工业发展相对滞后,企业规模较小,缺乏竞争力。以下是对这一现象的详细分析。

1. 经济发展水平的差距

西北地区乡村的人均收入普遍偏低,与东部和中部地区存在较大的差距。这种差距主要源于经济结构的单一、产业发展的滞后以及资源条件的限制。

2. 产业结构单一

西北地区乡村的产业结构主要以农业为主,缺乏多元化的经济发展模式。由于地理环境和资源条件的限制,农业成为该地区的主要产业,但农业的深加工能力不足,导致经济效益低下,这使得西北地区的经济发展受到很大的制约。

3. 工业发展滞后

除了农业发展滞后外,西北地区的工业发展也相对滞后。企业规模较小,技术水平较低,缺乏竞争力,使得西北地区的工业发展面临很大的挑战。这不仅制约了当地的经济增长,也使得就业机会有限。

4. 资源与地理环境的限制

西北地区乡村的资源条件和地理环境对其经济发展产生了很大的影响。一方面,资源的有限性使得当地的经济增长受到制约;另一方面,地理环境的特殊性也限制了某些产业的发展。

5. 机遇与挑战并存

尽管西北地区乡村经济发展面临诸多挑战,但也存在一些机遇。国家对西部地区的政策支持、基础设施建设、技术引进等都为西北地区的经济发展提供了机会。此外,西北地区乡村的自然风光和文化遗产也可以成为其经济发展的新亮点。

为了促进西北地区乡村的经济发展,需要采取一系列措施,如加强基础设施建设、引进先进技术和管理经验、发展特色产业等。同时,也需要注重环境保护和可持续发展,确保经济与环境的和谐发展。通过这些措施,相信西北地区乡村的经济发展水平将得到有效提升,与东部和中部地区的差距也将逐渐缩小。

3.2.2　基础设施

西北地区乡村的基础设施建设相对滞后,交通、通信、水利等方面存在较大的短板。西北地区乡村由于地处内陆,交通不便,导致物流成本较高,影响了经济的发展。同时,由于地形地貌的限制,部分地区的水利设施建设难度较大,农业灌溉受到很大制约。以下是对这一现象的详细分析。

1. 基础设施建设滞后

西北地区乡村在交通、通信、水利等方面存在较大的短板。这些基础设施的不足,严重影响了当地的经济和社会发展。

2. 交通不便与物流成本高昂

西北地区乡村地处内陆,交通不便成为制约经济发展的重要因素。物流成本较高,影响了当地农产品的销售和外地商品的输入。这不仅制约了当地经济的发展,也使得当地居民的生活质量受到很大影响。

3. 通信设施不足

西北地区乡村的通信设施相对滞后,部分地区存在信号覆盖不全、通信质量差等问题,这使得当地居民获取信息的能力有限,影响了当地经济的发展和社会的进步。

4. 水利设施建设难度大

由于地形地貌的限制,部分西北地区乡村的水利设施建设难度较大,农业灌溉受到很大的制约,影响了农业的产量和效益。同时,也使得当地居民的生活用水受到一定的影响。

5. 机遇与挑战并存

尽管西北地区乡村基础设施建设面临诸多挑战,但也存在一些机遇。国家对西部地区的政策支持、资金投入等都为西北地区乡村的基础设施建设提供了机会。此外,科技创新和新技术的发展也为解决西北地区乡村的基础设施建设问题提供了新的思路和方案。

为了改善西北地区乡村的基础设施状况,相关部门需要加大投入力度,加强基础设施建设。同时,也需要注重环境保护和可持续发展,确保基础设施建设和经济社会的和谐发展。通过这些措施,相信西北地区乡村的基础设施建设将得到提升,为当地的经济社会发展提供更好的支撑。

3.2.3　教育水平

西北地区乡村教育水平相对较低,教育资源匮乏。这给当地居民的素质和能力提升带来了很大的挑战,也制约了经济的发展和就业机会的创造。以下是对这一现象的详细分析。

1. 教育水平相对较低

由于历史、地理和社会经济等多方面的原因,西北地区乡村的整体教育水平相对较低。这使得当地居民的文化素质普遍不高,缺乏必要的职业技能和知识储备,难以适应现代社会的发展需求。

2. 教育资源匮乏

除了教育水平相对较低外,西北地区乡村的教育资源也非常匮乏。这包括师资力量不足、教学设施落后、教材内容陈旧等方面。这些问题的存在既严重影响了当地教育的质量和效果,也限制了学生接受优质教育的机会。

3. 对经济发展和就业机会的影响

由于当地居民的素质和能力得不到有效提升,他们往往只能从事一些简单的体力劳动或低技能的工作,无法在市场竞争中获得更多的优势和机会。同时,这也导致了劳动力市场的供需失衡,阻碍了经济的发展和就业机会的创造。

为了改善西北地区乡村的教育状况,需要加大投入力度,加强基础设施建设,提高教师待遇,吸引更多优秀人才投身教育事业。此外,也需要注重教育资源的均衡分配,缩小城乡之间的教育差距。通过这些措施,相信西北地区乡村的教育水平将会得到显著提升,为当地的经济社会发展提供更好的支撑。

3.2.4　生态环境

西北地区乡村的生态环境问题值得关注。荒漠化和水土流失等问题的存在,不仅对当地居民的生产生活产生了影响,也对经济发展形成了制约。以下是对这一现象的详细分析。

1. 生态环境脆弱

西北地区的气候条件比较恶劣,干旱少雨、植被覆盖率较低、土壤贫瘠,这使得该地区的生态环境非常脆弱。西北地区一旦遭受自然灾害或人为破坏,很容易出现荒漠化、水土流失等问题。

2. 荒漠化问题

荒漠化是指土地退化、沙漠化的过程。在西北地区乡村,由于过度放牧、开垦和采矿等活动,许多土地逐渐失去了原有的植被覆盖,变成了沙漠或半沙漠地带。荒漠化的后果非常严重,不仅导致土地生产力下降,还可能引发沙尘暴等自然灾害,对当地居民的生产生活造成很大影响。

3. 水土流失问题

水土流失是指土地表层土壤和水的流失。在西北地区乡村,由于过度开垦、采矿和不合理的水资源利用,很多地方出现了严重的水土流失问题。这不仅导致了土地贫瘠化,还可能引发河床淤塞、水库淤积等次生灾害,对当地的农业生产和生态环境造成了很大的威胁。

4.对生产生活和经济发展的影响

荒漠化和水土流失等问题对西北地区乡村的生产生活和经济发展产生了很大的影响。首先,这些问题导致了土地生产力的下降,使得当地居民的农业生产受到很大的限制。其次,这些问题还可能导致当地居民的生存环境恶化,增加了他们的生活压力和经济负担。最后,由于生态环境问题的影响,许多投资项目可能无法在该地区落地实施,制约了当地的经济发展。

为了改善西北地区乡村的生态环境状况,需要采取一系列措施。首先,需要加强环境保护意识教育,提高当地居民对生态环境的认识和保护意识。其次,需要加大投入力度,加强基础设施建设,提高土地资源的利用效率。最后,还需要推广生态农业、水土保持等可持续发展的模式和技术,促进生态环境的改善和经济的可持续发展。

3.2.5 政策支持

在面临诸多挑战的情况下,西北地区乡村的发展得到了国家政策的大力支持。这些政策的出台旨在推动当地经济社会的全面发展,为西北地区乡村的发展提供了重要的政策保障和机遇。以下是对这一点的详细分析和讲解。

1.国家扶贫政策

国家针对西北地区乡村的贫困问题,制定了一系列扶贫政策。这些政策主要包括财政补贴、税收优惠、金融扶持等,旨在帮助当地贫困居民增加收入、改善生活。通过这些政策的实施,许多贫困家庭得以脱贫致富,提高了生活水平。

2.产业发展政策

为了推动西北地区乡村的产业发展,国家出台了一系列产业发展政策。这些政策主要包括对农业、畜牧业、旅游业等产业的扶持和引导,旨在促进当地产业的转型升级和可持续发展。通过这些政策的实施,许多企业得以在西北地区投资兴业,带动了当地经济的发展。

3.基础设施建设政策

为了改善西北地区乡村的基础设施条件,国家制定了一系列基础设施建设政策。这些政策主要包括对交通、水利、电力等基础设施的投资和建设,旨在提高当地的基础设施水平、优化投资环境。通过这些政策的实施,许多基础设施项目得以在西北地区乡村落地实施,为当地的发展提供了重要的支撑。

4.教育科技政策

为了提高西北地区乡村的教育科技水平,国家制定了一系列教育科技政策。这些政策主要包括对当地教育、科技领域的投资和扶持,旨在提高当地居民的文化素质和科技水平、培养优秀人才。通过这些政策的实施,许多学校、科研机构得以在西北地区乡村建立和发展,为当地的发展提供了人才保障。

综上所述,国家政策的支持为西北地区乡村的发展提供了重要的保障和机遇。这些政策的实施有助于改善当地居民的生活条件、促进经济的可持续发展。然而,要实现西北地区乡村的全面发展,还需要当地政府和居民的共同努力,如加强环境保护、推进产业升级、提高教育科技水平等方面的工作。只有这样,才能确保西北地区乡村的长期稳定发展,实现经济社会的全面进步。

3.2.6　社会稳定

稳定的生活环境是西北地区乡村社会发展的基础,以下是对这一点的详细讲解和分析。

1.基础条件

稳定的生活环境是西北地区乡村居民正常生活和工作的基础。只有在安全、稳定的环境中,当地居民才能安心地生活、工作和学习。稳定的环境能够保障人民的生命财产安全,减少社会冲突和矛盾,为当地的社会发展创造良好的基础条件。

2.经济发展

稳定的生活环境对于西北地区乡村的经济发展至关重要。在稳定的环境下,当地企业能够正常运营,投资者的信心得到增强,从而吸引更多的外来投资。这有助于促进当地产业的转型升级,提高经济活力,增加就业机会,提高居民收入水平。

3.教育发展

稳定的生活环境对于西北地区乡村的教育发展也至关重要。在安全、和谐、有序的环境中,当地学校和教育机构能够更好地开展教育教学工作,提高教育质量。同时,稳定的环境能够吸引更多的优秀教师和教学资源,促进当地教育水平的提升。

4.社会治理

稳定的生活环境有助于加强西北地区乡村的社会治理。在安全、和谐、有序的环境中,当地政府能够更好地履行其职责,加强社会管理,维护公共秩序。同时,稳定的环境能够增强当地居民的归属感和参与意识,促进社区的自我管理和自我发展。

稳定的生活环境对于西北地区乡村的社会发展具有重要意义。只有创造一个安全、和谐、有序的环境,才能保障当地居民的基本权益,促进经济社会的可持续发展。因此,政府和社会各界应共同努力,加强社会治理和公共服务,为西北地区乡村的发展提供有力保障。

综上所述,西北地区乡村经济社会发展现状虽然面临诸多挑战和制约因素,但也有自身的优势和发展机遇。要实现西北地区乡村的全面发展,需要采取并制定有效的措施和政策,如加强基础设施建设、优化产业结构、提升教育水平、保护生态环境等。同时,也需要充分发挥当地居民的积极性和创造力,推动经济社会的全面发展。

3.3 西北地区乡村面临的主要问题与挑战

3.3.1 经济发展滞后

西北地区乡村的经济发展相对滞后,经济基础薄弱,缺乏产业支撑。这导致当地居民收入水平较低,贫困问题较为突出。

西北地区乡村经济发展滞后的问题确实存在,以下是对这一问题的详细讲解和分析。

1.经济基础薄弱

西北地区乡村的经济基础相对薄弱,缺乏多元化的产业支撑。由于地理位置、自然条件等因素的影响,当地的经济结构较为单一,往往以传统农业为主,缺乏现代化的工业和服务业。这导致当地的经济增长动力不足,难以满足居民的就业和收入增长需求。

2. 产业转型升级困难

尽管西北地区乡村有一些工业基础,但由于技术落后、人才匮乏、资金不足等原因,这些产业难以实现转型升级。同时,由于缺乏科学合理的产业规划,一些新兴产业也难以在当地发展壮大。这导致当地的经济增长速度缓慢,与发达地区的差距逐渐拉大。

3. 资源环境压力大

西北地区乡村的资源环境承载力有限,但当地居民的生产生活需求却不断增长。这导致当地的资源环境压力加大,一些地区出现了资源过度开发、环境破坏等问题。这些问题不仅影响了当地的经济社会发展,也给居民的健康和生存带来了威胁。

4. 人才流失严重

由于经济发展滞后,西北地区乡村的人才流失问题较为严重。许多有能力的年轻人选择到发达地区或城市发展,导致当地的人才缺口越来越大。这进一步加剧了当地的经济社会发展难题,使得经济发展更加困难。

综上所述,西北地区乡村的经济发展滞后是一个复杂的社会问题,需要政府和社会各界的共同努力来解决。政府应加强政策引导和资金支持,推动产业转型升级和资源环境可持续发展;同时,也需要加强人才培养和引进,为当地的经济社会发展提供有力的人才保障。此外,社会各界也应关注西北地区乡村的发展问题,通过各种途径支持和帮助当地的经济社会发展。只有政府和社会各界共同努力,才能实现西北地区乡村经济的可持续发展。

3.3.2　教育资源不足

西北地区乡村的教育资源严重不足,教育质量较低。这制约了当地居民素质和能力的提升,也影响了人才的引进和发展。以下是对这一问题的详细讲解和分析。

1. 教育资源严重不足

西北地区乡村的教育资源严重不足,主要表现在教育设施、师资力量等方面。许多乡村学校校舍简陋,教学设备匮乏,难以满足现代化教育的需求。同时,由于待遇和发展机会相对较少,当地的师资力量也较为薄弱,缺乏高素质的教师。这导致当地的教育质量难以得到保障。

2.教育质量较低

由于教育资源的不足,西北地区乡村的教育质量普遍较低。许多学校的教学质量不高,学生的学习效果不佳,难以跟上现代化的教育步伐。这不仅制约了当地居民素质和能力的提升,也影响了人才的引进和发展。

3.人才流失加剧

由于教育质量较低,西北地区乡村的人才流失问题更加严重。许多家庭选择将孩子送到城市或其他地区接受更好的教育,导致当地的人才储备进一步减少。这使得当地的经济社会发展更加困难,形成了一种恶性循环。

4.影响人才引进和发展

教育资源不足和教育质量较低的问题,也影响了西北地区乡村对人才的吸引力。许多有能力的年轻人不愿意回到当地发展,导致当地的人才缺口越来越大。同时,这也限制了当地的人才发展空间,使得当地的经济社会发展更加困难。

综上所述,西北地区乡村的教育资源不足问题是一个复杂的社会问题,需要政府和社会各界的共同努力来解决。政府应加大对当地教育的投入,改善教育设施和师资力量;同时,也需要加强教育改革和创新,提高教育质量。此外,社会各界也应关注西北地区乡村的教育问题,通过各种途径支持和推动当地的教育发展。政府和社会各界只有共同努力,才能实现西北地区乡村教育的可持续发展。

3.3.3　基础设施落后

西北地区乡村在基础设施建设方面存在较大的短板,以下是对这一问题的详细讲解和分析。

1.交通设施滞后

西北地区乡村的交通设施普遍滞后,许多乡村地区的道路状况较差,交通不便。这不仅影响了当地居民的出行,也制约了当地经济的发展。交通不便导致当地农产品的运输成本增加,降低了农产品的市场竞争力,同时也阻碍了外地资本和技术的进入,制约了当地工业和服务业的发展。

2.通信设施薄弱

西北地区乡村的通信设施也比较薄弱,许多乡村地区缺乏稳定的通信网络覆盖,导致信息传递不畅,降低了当地居民的信息获取能力和对外界的了解。

这不仅影响了当地居民的生活质量,也制约了当地经济的发展和社会进步。

3. 水利设施不足

西北地区乡村的水利设施也存在较大的短板,许多乡村地区缺乏必要的水利设施,导致当地农业生产受到严重制约。在干旱季节,当地农民往往面临缺水的问题,无法保证作物的正常生长,降低了农业产量和农民收入。同时,水利设施的不足也影响了当地居民的生活用水和工业用水,制约了当地经济的发展。

综上所述,西北地区乡村在基础设施建设方面存在的短板,严重制约了当地经济的发展和居民生活水平的提高。为了促进当地经济社会的可持续发展,政府和社会各界应加大对基础设施建设的投入力度,加强交通、通信、水利等方面的建设,提升当地的基础设施水平。同时,也需要注重创新和改革,提高基础设施建设的效益和质量,为当地经济的可持续发展提供有力支撑。

3.3.4　生态环境脆弱

西北地区乡村的生态环境较为脆弱,荒漠化、水土流失等问题较为突出。这不仅影响了当地居民的生产生活,也对经济发展形成了制约。以下是对这一问题的详细讲解和分析。

1. 荒漠化问题

西北地区乡村面临着严重的荒漠化问题,这主要是气候变化、过度放牧、过度开垦等因素所导致的。荒漠化导致了土地退化、植被减少、沙尘暴频发等一系列问题,对当地居民的生产生活产生了严重影响。荒漠化地区的农业生产受到极大限制,土地的肥力和产量大幅下降,当地居民的生活质量也受到了很大的影响。

2. 水土流失问题

西北地区乡村的水土流失问题也比较突出,这主要是不合理的土地利用、过度开垦、缺乏有效的水土保持措施等因素所导致的。水土流失导致了土地资源的严重损失,降低了土地的生产能力,土地退化和荒漠化逐渐加剧。水土流失还导致了河流湖泊的淤积,影响了水资源的利用和生态环境的质量。

3. 生态环境脆弱性

西北地区乡村的生态环境本身就比较脆弱,这主要是由该地区的气候条件、地理环境、生态系统等因素决定的。在面对自然灾害、人为破坏等因素的影响时,当地的生态环境很容易受到损害,并且自我修复能力较弱。这使得当地的环境问题更加复杂和难以解决。

综上所述,西北地区乡村的生态环境问题比较突出,荒漠化、水土流失等问题对当地的生产生活和经济发展产生了较大的影响。为了改善当地的生态环境状况,需要采取有效的措施,如加强生态保护、推进退耕还林还草、控制过度放牧等。同时,也需要加强宣传教育,提高当地居民的环保意识和生态保护意识,促进当地生态环境的可持续发展。

3.3.5 人才外流严重

西北地区乡村面临的一个重要问题是人才外流现象严重。由于经济和社会发展的滞后,许多有才华的年轻人选择离开家乡,到大城市或其他地区寻求更好的发展机会。这种现象导致西北地区乡村缺乏人才支持和智力保障,进一步加剧了当地的发展难度。

1. 人才外流对西北地区乡村的经济和社会发展产生了负面影响

有才华的年轻人离开家乡后,当地的经济发展失去了人才支撑,这使得当地的企业、组织和机构难以吸引和留住优秀的人才。这不仅影响了当地的经济增长和产业升级,也制约了当地的社会发展和社会进步。

2. 人才外流加剧了西北地区乡村的人才短缺问题

当地的教育、医疗、科技等领域的专业人才数量不足,这使得当地的基础设施建设和公共服务水平难以提高。同时,由于缺乏高素质的人才,当地的企业和组织也难以实现创新和发展,进一步加剧了当地的经济发展难度。

为了解决西北地区乡村的人才外流问题,当地政府需要采取有效的措施。首先,政府可以加大对西北地区乡村的人才引进力度,通过制定优惠政策、提高待遇等方式吸引优秀的人才到当地工作和生活。同时,政府也可以加强对当地人才的培养和培训,提高当地人才的专业素质和综合能力。

3. 西北地区乡村也需要加强自身的经济发展和社会建设

通过加强基础设施建设、发展特色产业、提高公共服务水平等方式,改善当地的经济和社会环境,增强对人才的吸引力。同时,当地的企业和组织也需要加强自身的创新和发展能力,提高自身的竞争力,吸引更多的优秀人才加入当地的发展行列。

综上所述,西北地区乡村的人才外流现象是一个严重的问题,需要政府和社会各界的共同努力来解决。只有通过引进和培养优秀的人才,加强自身的经济发展和社会建设,才能实现西北地区乡村的可持续发展。

3.3.6 政策支持不足

尽管国家对西北地区乡村的发展给予了一定的政策支持,但总体来看,政策支持力度还不够大,政策效应也未能得到充分发挥。以下是对这一问题的详细分析和讲解。

1. 政策支持的力度相对较小

尽管国家对西北地区乡村的发展给予了一定的政策支持,但由于资金、技术和资源的限制,政策的支持力度相对较小,难以满足当地发展的实际需求。例如,在基础设施建设、教育、医疗、科技等领域,西北地区乡村需要更多的政策支持和资金投入,以改善当地的基础设施和公共服务水平。

2. 政策效应未能得到充分发挥

在已有的政策支持下,由于缺乏有效的实施和监管机制,政策效应未能得到充分发挥。例如,一些政策在实施过程中出现了偏差,导致政策效果不尽如人意。同时,由于缺乏有效的监管和评估机制,一些政策在实施过程中出现了形式主义和官僚主义的问题,政策效应大打折扣。

为了更好地支持西北地区乡村的发展,当地政府需要加大政策支持力度,并加强政策的实施和监管。政府可以制定更加具体的政策措施,加大对西北地区乡村的资金和技术支持。同时,政府应该加强政策的实施和监管,确保政策能够真正落地并发挥应有的效应。此外,政府和社会各界也应该加强对西北地区乡村发展的关注和支持,共同推动当地的经济和社会发展。

为了实现西北地区乡村的可持续发展,需要政府和社会各界的共同努力,加大政策支持力度,加强政策的实施和监管。

综上所述,西北地区乡村面临的问题与挑战是多方面的,需要政府和社会各界共同努力,采取有效的措施和政策加以解决。只有解决了这些问题和挑战,才能推动西北地区乡村的全面发展,提高当地居民的生活水平,实现乡村振兴。

第4章 乡村振兴的路径探索

乡村振兴是一项长期而艰巨的任务,需要政府和社会各界共同努力。只有全面推进乡村经济、政治、文化和社会等方面的综合发展,才能真正实现乡村振兴的目标。

4.1 产业兴旺:发展特色优势产业

乡村振兴战略中的产业兴旺是实现乡村经济繁荣和可持续发展的重要途径。而发展特色优势产业则是产业兴旺的关键。

4.1.1 充分利用当地特色优势产业

乡村振兴战略是习近平同志于 2017 年 10 月 18 日在党的十九大报告中提出的战略。党的十九大报告指出,农业农村农民问题是关系国计民生的根本性问题,必须始终把解决好"三农"问题作为全党工作重中之重,实施乡村振兴战略。

中共中央、国务院连续发布中央一号文件,对新发展阶段优先发展农业农村、全面推进乡村振兴做出总体部署,为做好当前和今后一个时期"三农"工作指明了方向。2018 年 3 月 5 日,国务院总理李克强在《政府工作报告》中讲到,大力实施乡村振兴战略。2018 年 5 月 31 日,中共中央政治局召开会议,审议《国家乡村振兴战略规划(2018—2022 年)》。2018 年 9 月,中共中央、国务院印发了《乡村振兴战略规划(2018—2022 年)》,并发出通知,要求各地区各部门结合实际认真贯彻落实。

1.产业兴旺,是实现乡村振兴的物质基础和关键支撑

乡村产业根植于县域经济土壤,以农业农村资源为依托,以农民为主体,以农村一、二、三产业融合发展为路径,立足农业、深耕农村,拓展农村相关产业

链、价值链、创新链,促进农村经济发展和农民增收。发展特色优势产业是培育县域经济增长点的重要途径。各地应立足自身资源禀赋和比较优势条件,因地制宜选择具有地方特色的农业主导产品和支柱产业予以重点扶持发展壮大。

2.特色优势产业是指具有地方特色、资源优势和市场竞争力的产业

特色优势产业通常能够充分利用当地的自然条件、资源禀赋和历史文化,形成独特的竞争优势。在乡村振兴中,发展特色优势产业有助于提高乡村经济的附加值和竞争力,增加农民的收入,推动乡村的可持续发展。

3.为了发展特色优势产业,需要采取一系列的措施

要对当地的资源进行深入调查和分析,了解自身的优势和潜力,明确产业发展方向。制定科学合理的产业发展规划,明确发展目标、重点任务和保障措施。

4.1.2　对特色优势产业的政策倾斜

当地政府要加大政策扶持力度,为特色优势产业的发展提供有力保障。政府可以通过财政补贴、税收优惠等政策手段,鼓励企业加大投资力度,扩大生产规模,提高产品质量和附加值。同时,要加强金融支持,为产业的发展提供融资渠道和资金支持。

1.通过财政资金支持特色优势产业的发展

政府可以设立专项资金用于支持特色农业、手工艺、旅游等产业的发展,为其提供必要的资金支持。同时,政府还可以通过税收优惠政策、贷款贴息等方式,降低企业的成本,提高其市场竞争力。

2.加强对特色优势产业的科技支持

政府可以通过引进先进的生产技术和设备,提高产品的质量和产量,增强产业的竞争力。同时,政府还可以支持企业进行科技创新,推动产业的技术升级和产品更新换代。

3.通过建立完善的销售网络和品牌推广体系,帮助特色优势产业开拓市场

政府可以组织企业参加各类展览、展销活动,提高产品的知名度和美誉度。同时,政府还可以通过建立电商平台、开展线上线下营销等方式,帮助企业拓展销售渠道,扩大市场份额。

4.加强对特色优势产业的组织和引导

政府可以通过建立行业协会、商会等组织,促进企业间的合作与交流,推动

产业的集聚和集群发展。同时,政府还应该加强对企业的培训和指导,提高企业的经营管理和创新能力,推动产业的可持续发展。

总之,对特色优势产业的政策倾斜是推动乡村产业发展的重要手段。政府应该从财政资金、科技支持、市场开拓和组织引导等方面入手,加强对特色优势产业的支持力度,为其提供更加优质的服务和保障,推动乡村经济的繁荣和可持续发展。

4.1.3 基于地区特色专业人才的培养

西北地区作为中国的一个地域辽阔、资源丰富的地区,其经济发展一直受到国家的高度重视。为了实现西北地区的经济繁荣和可持续发展,政府和社会各界都意识到,必须基于地区的特色和优势,制定并实施有针对性的经济发展战略。而在这个过程中,地区特色专业人才的培养是关键的一环。

1. 自然资源方面人才

西北地区拥有丰富的自然资源,如煤炭、石油、天然气等。为了充分开发和利用这些资源,需要大量的地质勘探、开采、加工等方面的专业人才。因此,政府和企业应加大对相关专业的投入,培养具备专业技能和知识的人才,为资源的开发和利用提供智力支持。

2. 文化历史遗产方面人才

为了将西北地区独特的文化和历史遗产资源转化为经济优势,需要培养大量的文化旅游和文化遗产保护方面的专业人才。这些人才不仅需要具备丰富的专业知识,还需要对当地文化和历史有深入的了解和热爱。只有这样,才能真正将西北地区的文化和历史遗产转化为经济发展的动力。

3. 农业科技方面人才

西北地区拥有广阔的土地和适宜的气候条件,为农业发展提供了得天独厚的条件。为了提高农业的产量和质量,需要培养大量的农业科技人才。这些人才应具备现代化的农业知识和技术,能够推动农业的现代化和可持续发展。

4. 管理和商务方面人才

管理和商务人才应具备国际化的视野和先进的管理理念,能够为企业在国内外市场上取得竞争优势提供支持。

综上所述,基于地区特色专业人才的培养是实现西北地区经济繁荣和可持续发展的重要途径。政府和企业应加大对相关专业的投入,培养具备专业技能和知识的人才,为西北地区的经济发展提供强大的智力支持。此外,还要加强科技创新和人才培养,提高特色优势产业的科技含量和核心竞争力。通过引进先进技术、加强自主研发、培养高素质人才等途径,推动产业转型升级和提质增效。同时,还应加强对人才的培训和引进,提高其综合素质和能力,为西北地区的经济发展注入新的活力。

4.1.4　大力提高地区特色品牌知名度

随着全球化的深入和市场竞争的加剧,品牌建设已成为地区经济发展的重要战略。对于中国西北地区而言,当地拥有丰富的文化和自然资源,但品牌的知名度和影响力相对较低。因此,提高地区特色品牌的知名度是西北地区经济发展战略的重要组成部分。

1. 西北地区特色品牌的优势在于其独特的地理、文化和自然资源

西北地区很多品牌具有显著特色,例如,新疆的瓜果、宁夏的枸杞、青海的牦牛肉等都具有很高的品质和特色。然而,由于缺乏有效的品牌推广和市场开发,这些特色产品的知名度和市场份额有限。因此,政府和企业应加强品牌建设和市场推广,提高产品的知名度和美誉度。

2. 提高地区特色品牌知名度需要制定有针对性的品牌战略

提高地区特色品牌战略包括明确品牌定位、设计独特的品牌形象、制定品牌传播策略等。政府和企业应深入了解市场需求和消费者心理,根据目标市场的特点制定品牌战略,以提高品牌的市场占有率和竞争力。

3. 加强产品质量和食品安全管理是提高品牌知名度的关键

只有高品质的产品才能赢得消费者的信任和忠诚度。因此,企业应加强产品质量控制和食品安全管理,确保产品的质量和安全符合国家标准和国际标准。

4. 加强与国内外知名企业和品牌的合作与交流,是提高西北地区特色品牌知名度的有效途径

通过与国内外知名企业和品牌的合作,可以引入先进的品牌管理经验和市场开发策略,提高品牌的国际知名度和竞争力。

大力提高地区特色品牌知名度是西北地区经济发展的重要战略。政府和企业应加强品牌建设和市场推广,制定有针对性的品牌战略,加强产品质量和食品安全管理。通过加强品牌宣传、参加展览会、开拓国内外市场等途径,扩大

产品的知名度和市场份额,提高产业的竞争力和附加值。同时加强与国内外知名企业和品牌的合作与交流,以提高西北地区特色品牌的知名度和竞争力。

总之,发展特色优势产业是实现乡村振兴的重要途径。只有充分发挥当地的资源优势和特色,加强政策扶持、科技创新、人才培养和市场开拓等方面的工作,才能推动乡村经济的繁荣和发展。

4.2　生态宜居:建设美丽乡村

乡村振兴战略中的生态宜居是实现乡村可持续发展的重要保障,也是建设美丽乡村的必然要求。生态宜居的核心是保护和改善乡村生态环境,创造一个优美、舒适、宜人的生活和工作环境。这涉及乡村规划、基础设施建设、环境治理、生态修复等多个方面。

4.2.1　科学的乡村规划是实现生态宜居的前提

科学的乡村规划是实现生态宜居的前提,这一观点强调了在规划过程中需要全面考虑各种因素,以确保发展的可持续性和合理性。

1.自然条件是规划过程中必须考虑的重要因素之一

不同地区的自然条件有其独特性,如地形、气候、水资源等,这些因素对经济发展、社会建设和生态保护等方面都有重要影响。因此,在规划过程中需要深入了解当地自然条件,合理利用资源,避免盲目开发导致生态环境的破坏。

2.资源禀赋是规划过程中需要考虑的关键因素

不同地区拥有不同的资源优势和劣势,如矿产、农副产品、旅游资源等。在规划过程中,应充分挖掘和发挥地区的资源优势,推动特色产业的发展,提高地区经济的竞争力。

3.历史文化是规划过程中需要重视的因素

每个地区都有其独特的历史文化和传统,这些文化和传统不仅是地区的骄傲,也是地区发展的软实力。在规划过程中,应尊重和保护历史文化,将文化传承融入经济发展中,推动文化和旅游等产业的融合发展。

4.需要注重经济、社会和生态等多方面因素的平衡发展

经济发展是地区发展的基础,但发展不能以牺牲生态环境和社会稳定为代

价。因此,在规划过程中需要综合考虑各种因素,制定出合理的发展目标和空间布局,确保发展的可持续性和稳定性。

综上所述,规划应该根据当地自然条件、资源禀赋和历史文化等特点,综合考虑经济、社会、生态等多方面因素。在规划过程中,要注重保护乡村的原始风貌和自然景观,避免盲目开发和破坏生态环境,推动地区经济、社会和生态的协调发展。

4.2.2　加强基础设施建设是实现生态宜居的重要保障

在乡村规划和发展过程中,基础设施的建设和完善是至关重要的。这不仅关乎乡村居民的基本生活需求,也是乡村经济发展的基础。

1. 改善乡村道路条件是关键

良好的道路交通是确保乡村与外界有效联通的基础。这不仅有助于提高乡村居民的出行便利性,还有助于促进农产品的运输和乡村旅游的发展。通过修建和维护乡村道路,可以加强乡村与外界的经济交流和合作,为乡村经济的可持续发展创造条件。

2. 供水、供电和通信等基础设施的建设必不可少

确保乡村居民能够获得安全、稳定的饮用水,以及可靠的电力供应,是提高乡村生活质量和居民幸福感的重要保障。同时,通信设施的完善有助于乡村与外部世界的联系和信息交流,使乡村能够更好地融入现代社会的发展进程。

3. 环保设施的建设是乡村基础设施的重要组成部分

随着人们对环境保护意识的提高,乡村环境卫生问题越来越受到关注。建设和完善农村垃圾处理、污水处理等环保设施,能够有效提升乡村环境卫生水平,保障乡村居民的健康和生活质量。这也有助于乡村树立良好的形象,吸引外来投资和游客,推动乡村经济的绿色发展。

综上所述,基础设施的建设和完善对于乡村的可持续发展至关重要。通过改善道路交通、供水供电通信等条件,以及注重环保设施的建设,可以提升乡村居民的生活质量,促进乡村经济的繁荣和生态环境的保护。这些措施的实施将有助于打造宜居、宜业、宜游的美丽乡村,实现乡村振兴和城乡协调发展的目标。

4.2.3　环境治理和生态修复是实现生态宜居的重要手段

在乡村规划和发展的过程中,环境保护是不可或缺的一环。乡村环境包括水体、土壤、空气等,对于乡村居民的健康和生活质量,以及乡村生态系统的稳定性和可持续性都会产生至关重要的影响。

1. 对于乡村水体、土壤、空气等环境的监测和保护,需要得到足够的重视

有效的监测可以及时发现污染和生态破坏的问题,为防治工作提供科学依据。保护水体,需要确保水源地的清洁,防止工业和生活污水对水体的污染。土壤的保护,需要防止化肥、农药等农业活动对土壤的污染,保持土壤的肥力和生态平衡。空气的保护,则需要控制工业排放和机动车尾气等空气污染源,保护乡村居民的呼吸健康。

2. 对于自然保护区、森林公园、湿地等重要生态区域,更需要加大保护和修复的力度

自然保护区、森林公园、湿地等重要生态区域是乡村生态系统的重要组成部分,对于维护生态平衡、保护生物多样性、调节气候等方面都有着不可替代的作用。通过合理的保护和修复措施,可以提升这些区域的生态功能,增强乡村生态系统的稳定性和可持续性。

总的来说,加强对乡村环境的监测和保护,特别是对重要生态区域的保护和修复,是实现乡村振兴和城乡协调发展的重要前提。这不仅有助于提高乡村居民的生活质量,保障他们的健康,也有助于维护乡村生态系统的稳定性和可持续性,为乡村经济的绿色发展创造有利条件。同时,这也体现了人类与自然和谐共生的理念,符合可持续发展的要求。

4.2.4　倡导绿色生产方式和低碳生活是实现生态宜居的重要途径

在乡村发展过程中,推广绿色农业、生态养殖等可持续的生产方式,对于保护环境、减少污染和破坏具有重要意义。绿色农业和生态养殖注重利用自然条件和生态循环,减少对化肥、农药等化学品的依赖,从而降低对土壤、水源和生态系统的负面影响。

1. 推广绿色农业是实现乡村可持续发展的重要手段

绿色农业强调使用有机肥料、生物防治等环保措施,保障农产品安全的同

时,也可以减少对环境造成的负担。此外,绿色农业还有助于提高农产品的品质和市场竞争力,增加农民收入,促进乡村经济发展。

2. 生态养殖是可持续发展的重要模式

通过合理规划养殖规模和种类,利用生态循环原理,减少养殖废弃物的排放,降低对环境的污染。同时,生态养殖还能提高养殖效率,提供优质的畜禽产品,满足市场需求。

除了推广可持续生产方式外,引导乡村居民树立环保意识也是关键。通过教育和宣传活动,普及环保知识和技能,乡村居民的环保意识和责任感可得到进一步提高。同时,推广节能减排、低碳生活等理念,鼓励乡村居民在生活中节约能源、减少排放,从而营造绿色低碳的乡村生活氛围。

推广绿色农业、生态养殖等可持续生产方式,树立环保意识,营造绿色低碳的乡村生活氛围,是实现乡村可持续发展的重要途径。这有助于保护乡村环境,提高乡村居民的生活质量,促进乡村经济的绿色发展。同时,也有助于推动城乡协调发展,实现乡村振兴战略的目标。

综上所述,建设美丽乡村是实现乡村振兴的重要目标。只有通过科学规划、基础设施建设、环境治理和生态修复等多方面的努力,才能创造一个生态宜居、美丽和谐的乡村环境。

4.3　乡风文明:培育文明乡风

乡风文明是乡村振兴战略中不可或缺的一部分,也是实现乡村可持续发展的重要支撑。它代表着乡村社会的文明程度和精神风貌,是乡村发展的软实力。

乡风文明的核心是培育文明乡风,包括树立正确的价值观、道德观,传承优秀传统文化,推动乡村文化创新等多个方面。

4.3.1　树立正确的价值观和道德观是培育文明乡风的基础

树立正确的价值观和道德观是培育文明乡风的基础。正确的核心价值观不仅是中国特色社会主义的重要组成部分,也是乡村社会稳定和发展的重要基石。

1.弘扬爱国主义精神是乡村社会发展的基石

爱国主义是中华民族的优良传统,也是乡村社会凝聚力的源泉。通过弘扬爱国主义精神,引导农民关心国家大事,积极参与乡村建设,为乡村振兴贡献力量。

2.集体主义是乡村社会团结互助的精神支柱

在农业生产中,农民需要相互协作、共同劳动,才能取得丰收。通过弘扬集体主义精神,加强农民之间的团结互助,形成良好的合作关系,共同应对农业生产中的各种挑战。

3.诚实守信是乡村社会和谐稳定的重要保障

在乡村生活中,农民之间的信任和互助是必不可少的。通过弘扬诚实守信的品质,建立良好的人际关系和社会信任,减少矛盾和纠纷,维护乡村社会的和谐稳定。

4.加强乡村道德建设是实现乡村振兴的重要方面

孝敬长辈、尊重传统、团结互助等优秀道德风尚应当得到弘扬。通过树立正确的道德观念,引导农民自觉维护社会公德、家庭美德和个人品德,形成良好的道德风尚。

综上所述,乡村社会应该以社会主义核心价值观为引领,弘扬爱国主义、集体主义、诚实守信等优秀品质,树立正确的价值导向。同时,加强乡村道德建设,弘扬孝敬长辈、尊重传统、团结互助等优秀道德风尚,营造和谐友善的乡村氛围。这有助于促进乡村社会的繁荣发展,为实现乡村振兴战略提供坚实的思想基础和道德支撑。

4.3.2 传承优秀传统文化是培育文明乡风的重要途径

乡村作为中国传统文化的重要载体,拥有着丰富的传统文化资源,包括民间艺术、传统工艺、民俗文化等。这些传统文化资源不仅是乡村的瑰宝,也是中华文明的重要组成部分。因此,加强对这些文化资源的保护和传承至关重要。

1.民间艺术是乡村文化的重要组成部分

民间艺术是乡村文化的重要组成部分,这些艺术形式如剪纸、刺绣、泥塑等,不仅是乡村居民表达情感和思想的方式,也是传承中华文化的重要载体。通过加强对民间艺术的保护和传承,可以引导乡村居民深入了解和认同自己的文化传统,增强文化自信心。

2. 传统工艺是乡村文化的珍贵遗产

传统工艺如编织、陶艺、木工等,不仅具有很高的艺术价值,也具有广泛的应用价值。加强对传统工艺的保护和传承,可以促进乡村经济的发展,提高乡村居民的收入水平。

3. 民俗文化是乡村文化的重要组成部分

民俗文化包括传统节日、习俗、礼仪等,是乡村居民生活的重要组成部分。通过加强对民俗文化的保护和传承,乡村居民可以更加深入地了解自己的文化传统,增强文化认同感和自信心。

为了更好地保护和传承乡村文化资源,相关部门可以采取多种措施。首先,开展传统文化教育是关键。通过在乡村学校开设传统文化课程,让孩子们从小接受传统文化的熏陶,培养他们对传统文化的兴趣和热爱。其次,举办文化活动是重要的途径。通过举办民俗文化节、传统工艺大赛等活动,吸引更多的乡村居民参与其中,增强他们对传统文化的认同感和归属感。

综上所述,加强对乡村文化资源的保护和传承至关重要。通过开展传统文化教育、举办文化活动等方式,让乡村居民深入了解和认同自己的文化传统,增强文化自信心。这有助于促进乡村社会的繁荣发展,为实现乡村振兴战略提供坚实的文化支撑。

4.3.3　推动乡村文化创新是培育文明乡风的重要手段

乡村文化作为中华文化的重要组成部分,随着时代的发展也在不断地演变和创新。推动乡村文化创新是培育文明乡风的重要手段。

1. 发展乡村旅游是推动乡村文化创新发展的重要途径之一

乡村旅游不仅仅是欣赏自然风光,更是体验和了解乡村文化的过程。通过发展乡村旅游,可以吸引更多的游客来到乡村,增加乡村的知名度和影响力。同时,乡村旅游的发展也可以带动乡村经济的发展,提高乡村居民的收入水平,增强乡村的吸引力和竞争力。

2. 打造特色小镇是推动乡村文化创新发展的重要手段

特色小镇是指具有独特的自然风貌、历史文化和产业特色的乡村地区。通过打造特色小镇,可以挖掘和传承乡村的文化遗产,推动乡村文化的创新发展。同时,特色小镇的建设也可以带动乡村基础设施的完善,提高乡村居民的生活质量,增强乡村的吸引力和竞争力。

3.鼓励乡村居民发挥创造力和想象力,推动乡村文化的创新发展

除了发展乡村旅游和打造特色小镇外,还可以鼓励乡村居民发挥创造力和想象力,推动乡村文化的创新发展。例如,可以鼓励乡村居民开展文艺创作,挖掘和传承民间艺术和传统工艺;举办文化活动,如民俗文化节、传统工艺大赛等,吸引更多人参与其中;开展传统文化教育,培养孩子们对传统文化的兴趣和热情,让他们成为传承和创新乡村文化的重要力量。

综上所述,随着时代的发展,乡村文化也在不断地演变和创新。为了更好地保护和传承乡村文化,需要鼓励乡村居民发挥创造力和想象力,推动乡村文化的创新发展。通过发展乡村旅游、打造特色小镇等手段,增强乡村的吸引力和竞争力,为乡村振兴战略的实施提供坚实的文化支撑。

4.3.4 加强乡村公共文化建设是培育文明乡风的重要措施

加强乡村公共文化建设是培育文明乡风的重要措施。为了更好地推动乡村文化的创新发展,我们需要建设和完善乡村公共文化设施,提供丰富的文化产品和服务,同时加强乡村文化人才队伍建设。

1.建设和完善乡村公共文化设施是满足乡村居民精神文化需求的重要保障

图书馆、文化活动中心等公共文化设施可以为乡村居民提供阅读、学习、交流和娱乐的平台,丰富他们的精神文化生活。此外,公共文化设施还可以成为传承和创新乡村文化的重要载体,为乡村文化的传承和发展提供物质基础。

2.提供丰富的文化产品和服务是满足乡村居民精神文化需求的重要手段

我们可以根据乡村居民的需求和兴趣,提供多样化的文化产品和服务,如文艺演出、电影放映、文化讲座等。这些活动可以增强乡村居民的文化自信和归属感,提高他们的文化素养和审美水平。

3.加强乡村文化人才队伍建设是推动乡村文化创新发展的关键

我们需要培养一支有文化、有素质、有担当的文化人才队伍,让他们成为乡村文化的传承者和创新者。这支队伍可以通过文艺创作、文化遗产保护、文化活动组织等方式,推动乡村文化的创新发展,为乡村振兴战略的实施提供人才支撑。

建设和完善乡村公共文化设施、提供丰富的文化产品和服务、加强乡村文化人才队伍建设是推动乡村文化创新发展的重要途径。这些措施可以满足乡

村居民的精神文化需求,提高他们的文化素养和审美水平,为乡村振兴战略的实施提供坚实的文化支撑。

综上所述,培育文明乡风是实现乡村振兴战略的重要任务之一。只有通过树立正确的价值观和道德观、传承优秀传统文化、推动乡村文化创新、加强乡村公共文化建设等多方面的努力,才能培育出文明、和谐、向上的乡风,推动乡村社会的可持续发展。

4.4　治理有效:提升乡村治理能力

治理有效是乡村振兴战略中的重要目标之一,也是实现乡村可持续发展的重要保障。提升乡村治理能力,需要从多个方面入手,包括加强基层党组织建设、推进民主治理、提高治理效能、加强乡村社会组织建设等。

4.4.1　加强基层党组织建设是提升乡村治理能力的关键

在乡村治理中,党组织发挥着核心领导作用。为了更好地推动乡村治理的发展,我们需要重视基层党组织的建设,发挥好其领导作用,提高党组织的凝聚力和战斗力。

1.党组织是乡村治理的中坚力量

在乡村治理中,党组织发挥着政治引领、组织协调和决策指挥等重要作用。只有加强党组织建设,才能更好地凝聚乡村居民的力量,推动乡村治理的发展。

2.加强党员队伍建设是发挥党组织领导作用的重要保障

党员是党组织的细胞,只有提高党员素质,才能更好地发挥党员的先锋模范作用。因此,我们需要加强对党员的教育和管理,提高党员的政治觉悟和组织纪律性,使他们成为乡村治理的中坚力量。

3.创新基层党组织的工作方式是提高党组织治理效能的重要手段

随着社会的发展和时代的进步,基层党组织的工作方式也需要不断创新和完善。我们需要加强与乡村居民的联系和服务,了解他们的需求和诉求,为他们提供更加精准、高效的服务。同时,我们还需要加强与其他组织的合作和交流,共同推动乡村治理的发展。

4.提高党组织的公信力和影响力是推动乡村治理发展的关键

只有赢得乡村居民的信任和支持,党组织才能在乡村治理中发挥更大的作用。因此,我们需要加强党组织的自身建设,提高党组织的领导力和组织力,同时加强与乡村居民的互动和沟通,增强党组织的公信力和影响力。

综上所述,党组织是乡村治理的核心力量,要发挥好基层党组织的领导作用,提高党组织的凝聚力和战斗力。同时要加强党员队伍建设,创新基层党组织的工作方式,提高党组织的公信力和影响力。只有这样,才能更好地推动乡村治理的发展,实现乡村振兴战略的目标。

4.4.2　推进民主治理是提升乡村治理能力的必然要求

乡村治理作为国家治理体系的重要组成部分,其核心目标在于实现乡村社会的有序、和谐与繁荣。为实现这一目标,必须坚持以民主为基础,确保乡村居民的参与权和表达权。

1.村民自治制度是我国基层民主政治建设的重要内容,是乡村治理的基础

完善村民自治制度,意味着要进一步明确村民代表大会、村民理事会等自治组织的职责和权力,使其在乡村治理中发挥更大的作用。自治组织的建设不仅能够增强乡村居民的自我管理、自我服务能力,还能增强乡村社会的内生发展动力。

2.推进村务公开是保障乡村居民知情权、参与权和监督权的重要途径

通过村务公开,乡村居民可以及时了解村级事务的决策过程和执行情况,从而对村级工作进行有效的监督。同时,这也有助于提高村务的透明度和公信力,减少不正之风和腐败现象的发生。

3.加强村级财务管理是乡村治理中的重要一环

只有建立起完善的村级财务管理制度,才能确保村级资金、资产、资源的合理使用和管理。这不仅可以避免村级财务混乱,还可以提高村级财务的透明度,增强乡村居民对村级工作的信任和支持。

综上所述,乡村治理应以民主为基础,保障乡村居民的参与权和表达权。通过完善村民自治制度、推进村务公开和加强村级财务管理等措施,可以更好地实现乡村治理的目标,推动乡村振兴战略的实施。

4.4.3　提高治理效能是提升乡村治理能力的核心目标

提高治理效能是提升乡村治理能力的核心目标,更是有效方式。

1.要优化乡村治理结构,明确各级治理主体的职责和权限,形成科学合理的治理体系

要加强乡村治理的制度建设,完善相关法律法规和政策措施,为乡村治理提供制度保障。同时,要提高乡村治理的科技含量,利用现代科技手段提高治理效率和水平。

2.优化乡村治理结构是实现乡村有效治理的关键

为了形成科学合理的治理体系,需要明确各级治理主体的职责和权限,避免权责不清、推诿扯皮的现象。具体来说,应该明确村级党组织、村民委员会、村民代表大会等组织在乡村治理中的职责和权限,建立起分工明确、协调有序的治理机制。

3.加强乡村治理的制度建设是至关重要的一环

完善的法律法规和政策措施是乡村治理的制度保障,能够确保乡村治理的规范化、法制化和可持续性。例如,可以制定乡村治理条例、村民自治章程等法规,明确乡村治理的基本原则、组织架构、运作机制等内容。

4.提高乡村治理的科技含量是当前乡村治理发展的必然趋势

利用现代科技手段可以提高乡村治理的效率和水平,例如通过互联网、大数据、人工智能等技术手段,实现村务管理信息化、智能化,提高村务决策的科学性和精准度。

综上所述,优化乡村治理结构、加强制度建设和提高科技含量是实现乡村有效治理的重要途径。通过明确各级治理主体的职责和权限,完善法律法规和政策措施,以及利用现代科技手段提高治理效率和水平,可以构建起科学合理的乡村治理体系,为乡村振兴提供有力保障。

4.4.4　加强乡村社会组织建设是提升乡村治理能力的重要途径

社会组织在乡村治理中扮演着越来越重要的角色。它们不仅是连接政府和村民的桥梁,也是推动乡村发展的重要力量。为了充分发挥社会组织在乡村治理中的作用,需要从以下几个方面进行加强和规范。

1. 加强乡村社会组织的培育和发展

政府和社会应该提供更多的支持和资源,帮助社会组织壮大自身实力,提高服务能力和专业水平。同时,应该鼓励社会组织创新服务模式,满足村民多元化、个性化的需求。

2. 提高社会组织的参与度和贡献度

社会组织应该积极参与乡村治理的各个环节,包括决策、执行和监督等。通过参与公共事务,社会组织能够为乡村治理提供更多的专业意见和建议,促进治理的规范化和科学化。同时,社会组织也可以通过提供社会服务、开展公益活动等方式,推动乡村经济、文化和社会的发展。

3. 规范社会组织的管理和运作

政府应该加强对社会组织的管理和监督,制定相应的法律法规和政策措施,确保社会组织的合法性和规范性。同时,社会组织自身也应该建立健全内部管理和监督机制,提高透明度。

4. 提高社会组织的公信力和影响力

公信力和影响力是社会组织生存和发展的基础。社会组织应该注重自身的形象建设和品牌塑造,提高服务质量和信誉度。同时,社会组织也应该加强与政府、企业和社会各界的合作与交流,扩大自身的影响力和覆盖面。

加强乡村社会组织的培育和发展、提高参与度和贡献度、规范管理和运作、提高公信力和影响力是社会组织在乡村治理中发挥作用的关键措施。通过这些措施的实施,可以推动乡村治理的现代化和可持续发展。

综上所述,提升乡村治理能力是实现乡村振兴战略的重要环节。只有采用加强基层党组织建设、推进民主治理、提高治理效能、加强乡村社会组织建设等多方面措施,才能实现乡村治理的有效性,为乡村的可持续发展提供有力保障。

4.5 生活富裕:增加农民收入

生活富裕是乡村振兴战略的另一个重要目标,其核心是增加农民收入,提升农民的生活质量。为了实现这一目标,需要从多个方面入手,包括优化农业产业结构,推进农业现代化,促进农村一、二、三产业融合发展,加强农民教育培训等。

4.5.1　优化农业产业结构是增加农民收入的重要途径

乡村经济的发展需要因地制宜,根据当地资源和市场需求,发展具有地方特色的优势产业。而优化农业产业结构是增加农民收入的重要途径。

1.注重农产品的品质和特色

品质是农产品的生命线,特色是农产品的竞争力。通过引进新品种、推广新技术、提高种植和养殖水平等方式,可以提高农产品的品质和产量。同时,要挖掘当地的特色资源,开发具有地方特色的农产品,形成差异化竞争优势。

2.推进农业的多元化经营

多元化经营可以降低农业生产的风险,提高经济效益。除了传统的种植业和养殖业外,还可以发展农产品加工业、休闲农业、乡村旅游等产业,形成农业的全产业链发展。这样不仅可以增加农民的就业机会,还可以提高农业的综合效益。

3.鼓励农民发展多种形式的农业经营主体

家庭农场、农民合作社等是现代农业发展的重要组织形式,可以提高农业的组织化程度和经济效益。政府应该制定相应的政策措施,支持农民成立家庭农场、农民合作社等组织,提供技术、资金、市场等方面的支持和服务。通过组织化程度的提高,可以更好地整合资源、降低成本、提高效益,增强农业的竞争力和可持续发展能力。

4.加强农业品牌建设

品牌是农产品市场竞争力的重要体现,也是消费者对农产品品质和信誉度的认可。政府和社会应该加强农业品牌建设,通过制定标准、推广宣传等方式,打造具有地方特色的农业品牌。同时,农民也应该注重自身品牌的塑造,提高农产品的知名度和美誉度,增加消费者的信任度和忠诚度。

综上所述,因地制宜发展具有地方特色的优势产业、推进农业的多元化经营、鼓励农民发展多种形式的农业经营主体、加强农业品牌建设是推动乡村经济发展的重要措施。这些措施的实施需要政府、企业和社会各界的共同努力和支持。

4.5.2　推进农业现代化是增加农民收入的关键措施

农业科技创新和推广应用是提高农业生产效率和竞争力的关键。通过引进和开发先进的农业科技,可以提高农产品的产量和质量,降低生产成本,增加农民收入。

1. 加强农业科技研发

政府和企业应该加大对农业科技研发的投入,鼓励科研机构和企业开展农业科技创新,研究适合当地资源和环境的种植、养殖技术,以及农产品加工、保鲜等技术。同时,要加强与国际农业科技界的交流与合作,引进国际先进的农业科技成果和经验。

2. 加强农业科技推广应用

政府应该建立完善的农业科技推广体系,加强科技人员与农民之间的联系和交流,将先进的农业科技推广到农民手中,帮助他们掌握和应用新技术。同时,要鼓励企业和社会力量参与农业科技推广,形成多元化的推广力量。

3. 推进农业标准化生产和管理是提高农产品品质和安全水平的重要措施

通过制定和实施农业生产标准和管理规范,可以确保农产品生产的各个环节都符合标准要求,提高农产品的品质和安全水平。政府应该加强农产品质量安全监管,建立健全的农产品质量安全检测体系,对农产品进行全面检测和监管,确保农产品质量安全。

4. 加强农业基础设施建设是改善农业生产条件和农民生活环境的重要措施

政府应该加大对农田水利、乡村道路等基础设施建设的投入,提高农业抗灾能力和生产效率。同时,政府要加强乡村环境治理和生态保护,改善乡村人居环境和生活质量。

综上所述,加强农业科技创新和推广应用、推进农业标准化生产和管理、加强农业基础设施建设是推动乡村经济发展的重要措施。这些措施的实施需要政府、企业和社会各界的共同努力和支持。

4.5.3 促进农村一、二、三产业融合发展也是增加农民收入的重要举措

鼓励农民在发展传统农业的同时,积极向二、三产业拓展,是一个非常重要的策略。这样可以增加农民的收入来源,提高他们的生活水平,同时也能够带动乡村经济的发展。

1. 发展乡村旅游是一个很好的方向

许多乡村拥有丰富的自然和人文资源,可以吸引游客前来观光、休闲和度假。农民可以通过开设农家乐、民宿、组织农家体验活动等方式,提供旅游服务,增加收入。这也有助于促进农村的旅游业发展,为当地农民创造更多的就业机会。

2. 手工艺品制作是一个具有潜力的领域

许多乡村拥有独特的传统工艺,如刺绣、编织、陶艺等。农民可以通过学习和传承这些工艺,制作手工艺品,销售给消费者。这不仅可以传承传统文化,还可以为农民带来可观的收入。

3. 农产品加工是拓展二、三产业的一个方向

许多农民种植的农产品在收获后需要进行加工才能销售。政府可以鼓励农民建立农产品加工企业,开发农产品的深加工产品,如果汁、果酱、干果等,提高农产品的附加值和市场竞争力。

4. 加强农村电商建设是拓宽农产品销售渠道的重要措施

随着互联网的普及,越来越多的消费者选择在网上购买农产品。政府可以支持农民开设网店,利用电商平台销售农产品,这样可以打破地域限制,扩大销售市场。此外,电商还可以为农民提供更广阔的信息交流平台,帮助他们了解市场需求和农产品价格等信息。

综上所述,鼓励农民向二、三产业拓展,加强农村电商建设,是推动乡村经济发展和提高农民收入的重要措施。政府和社会各界应该给予支持和帮助,为农民创造更好的发展条件和更多的机会。

4.5.4　加强农民教育培训是增加农民收入的重要手段

提高农民的科技文化素质和就业技能,对于增强他们的市场竞争力和就业能力至关重要。在当前快速发展的社会和经济环境下,农民需要掌握更多的知识和技能,以适应市场需求和变化。

1. 政府和社会应该加强对农民的教育培训

通过开展科技文化知识和职业技能的培训课程,提高农民的知识水平和技能水平。这些培训可以涵盖农业技术、市场营销、电子商务、手工艺等多个领域,以满足不同农民的需求。同时,政府可以鼓励企业、高校和科研机构等参与农民培训,提供专业化的指导和支持。

2.加强对农民的法律知识和维权意识的培养

政府和社会应该组织法律宣传和教育活动,让农民了解自己的合法权益,提高他们的法律意识和维权能力。农民应该了解和掌握与自己利益相关的法律法规,如《劳动法》《消费者权益保护法》等,以便在遇到问题时能够维护自己的权益。同时,政府应该建立健全的农民权益保障机制,为农民提供法律援助和维权服务。

3.政府和社会应该关注农民的心理素质和心理健康

农民在面对市场竞争和就业压力时,可能会出现焦虑、自卑等心理问题。政府和社会应该提供心理辅导和咨询服务,帮助农民建立积极的心态,提高应对困难的能力。

提高农民的科技文化素质和就业技能,加强对农民的法律知识和维权意识的培养,是保障农民的合法权益和维护社会稳定的重要措施。政府和社会各界应该共同努力,为农民提供更好的教育和培训机会,帮助他们更好地适应市场需求和社会变化。

综上所述,生活富裕目标的实现需要多方面的努力。只有通过优化农业产业结构,推进农业现代化,促进农村一、二、三产业融合发展,加强农民教育培训等多方面的综合施策,才能有效增加农民收入,提升农民的生活质量,实现乡村的全面振兴。

第5章 西北地区乡村振兴的实践案例

在中国的西北地区,乡村振兴并非易事。但是,许多地方已经在探索和实践各种创新策略,努力改变乡村的命运。本章将通过具体的实践案例,展示西北地区乡村振兴的成果和经验,以期为其他地区的乡村振兴提供借鉴和启示。这些案例不仅代表了西北地区人民的努力和智慧,更是中国乡村振兴战略的重要组成部分。让我们一同走进这些生动的实践案例,感受乡村的蓬勃生机与无限可能。

5.1 案例一:依托旅游业的乡村振兴之路

陕西省乡村旅游业的振兴之路可以通过一个具体的实例来展示:袁家村。

袁家村位于陕西省咸阳市礼泉县以北,处于著名的唐昭陵脚下。这个村庄通过发展乡村旅游,成功实现了产业的转型升级和持续发展。

袁家村以乡村旅游为突破口,打造农民创业平台,解决产业发展和农民增收问题。该村以股份合作为切入点,创办农民合作社,解决收入分配和共同富裕问题。同时,依托平台资源优势,通过发展农村电商,解决转型升级和持续发展问题。

在吸引旅游人群方面,袁家村捆绑了西安市这个超级经济流量体。西安市总人口超千万,同时具有强大的旅游人口流量,每年大约有1.5亿人次的庞大潜在旅游人群。而袁家村距离西安市中心约 70 千米,驾车仅需 1 小时左右,对于城市居民来说,既便于在周末闲暇之余开展一场"说走就走"的旅行,同时又能体验与城市生活不同的乡村风情。

通过这些措施,袁家村实现了游客接待量的大幅增长和旅游综合收入的显著提升。2021 年,袁家村游客接待量达到 600 万人次,旅游综合收入超过 10 亿元,村民人均纯收入达到 10 万元以上。同时,吸引了 800 多名创客到此创业,吸纳就业人数超过 3 000 人,并带动周边万余名农民增收。

袁家村的成功之处在于,它以村党支部为核心,以农民为主体,以创新为主线,通过挖掘关中民俗文化、转型升级做乡村度假、全面提升服务品质、发展乡村旅游电商等手段,探索出了一条旅游助力乡村振兴的新路子。

综上所述,袁家村通过乡村旅游业的发展实现了乡村振兴。这一模式可以为其他地区提供借鉴和参考,促进乡村经济的可持续发展和农民的共同富裕。

5.2 案例二:依托特色农业的乡村振兴模式

5.2.1 乌鲁木齐市米东区在乡村振兴工作中,依托和整合产业强企优势,推动农业特色产业延伸发展

以国家农业产业强镇项目大粮山稻米产学研基地为例,该项目占地 35 亩①,由新疆大粮山农业发展有限公司负责实施。该公司通过引进先进的农业技术和设备,提高了稻米的产量和质量,同时也为当地农民提供了就业机会,增加了他们的收入。

此外,该公司还与当地农民合作,推广稻米种植技术,提供种植培训和指导,帮助农民提高稻米种植水平。这不仅提高了稻米的产量和质量,也增加了农民的收入,推动了当地经济的发展。

---

① 1 亩≈666.7 平方米

1.引进先进的农业技术和设备,提高了稻米的产量和质量

技术升级和创新对农业发展至关重要,因为现代化的技术和设备可以提高生产效率,减少资源浪费,并确保农产品的质量和安全。新疆大粮山农业发展有限公司通过引进先进的农业技术和设备,在提高稻米的产量和品质方面取得了显著成效。这种技术升级和创新对农业发展的重要性不容忽视,主要体现在以下几个方面。

(1)提高生产效率

现代化的技术和设备通常具有更高的生产效率。这意味着在同样的时间内,可以种植更多的作物或进行更多的管理工作。这不仅缩短了生产周期,还为农民和企业带来了更大的经济效益。

(2)减少资源浪费

先进的农业技术能够帮助农民更精确地使用水资源、肥料和其他资源。这不仅降低了生产成本,还有助于减少资源浪费,从而对环境保护产生积极影响。

(3)确保农产品质量和安全

通过引进先进的农业技术和设备,可以更好地控制农产品的生长环境,减少病虫害的发生,从而确保农产品的质量和安全。这对于提高消费者信心、满足市场需求以及推动农业品牌的建立都具有重要意义。

(4)促进农业现代化

技术升级和创新是农业现代化的重要驱动力。通过不断引入和应用新的农业技术,可以逐步实现农业的现代化转型,提高农业生产效率和农民收入水平。

(5)增强市场竞争力

高品质的农产品往往在市场上更具竞争力。通过技术升级和创新,新疆大粮山农业发展有限公司可以提供更高品质的稻米,从而在市场上获得更大的竞争优势。

综上所述,技术升级和创新对于农业发展至关重要,它有助于提高生产效率、减少资源浪费、确保农产品质量和安全、促进农业现代化以及增强市场竞争力。新疆大粮山农业发展有限公司在这方面的实践为其他农业企业提供了有益的借鉴。

2.项目的实施为当地农民提供了就业机会

新疆大粮山农业发展有限公司的项目不仅关注提高稻米的产量和质量,还注重为当地农民提供就业机会。这样的举措具有多重积极影响。

(1)提供稳定的就业机会

随着该项目的实施,该地区的农民有了更多的就业机会。这意味着他们可以不必远离家乡去寻找工作,从而保持与家人的团聚。这种就近就业的模式有助于缓解农村的空心化问题,并促进当地经济发展。

(2)增加农民收入

通过参与该项目,农民可以获得稳定的收入。这不仅改善了农民的生活水平,还为他们带来了更多的经济安全感。稳定的收入使得农民有可能投资于自己的农业生产,进一步提高生产效率。

(3)提供培训与技术支持

项目不仅提供就业机会,还为农民提供培训和指导。这种培训帮助农民掌握现代农业技术和知识,使他们能够更好地应对农业生产中的挑战。随着技术的提高,农民的生产效率也会相应提升,从而提高整体的农业产值。

(4)促进农业技术的普及与推广

通过培训和技术支持,该项目促进了现代农业技术在当地的普及和推广。这不仅对参与项目的农民有益,也可能带动周边地区农业生产的改进。

(5)提升农民的社会地位

随着收入的增加和技术的提高,农民的社会地位也会得到提升。这有助于增强他们的自信心和社区归属感,进一步促进农村社会的和谐稳定。

综上所述,该项目的实施不仅提高了稻米的产量和质量,还为当地农民提供了就业机会、培训和技术支持,增加了收入,这种合作模式有助于促进农业技术的普及和应用,推动当地农业的现代化进程,从而在多个层面促进了农村的发展和进步。

3.项目的实施对当地经济的发展具有推动作用

农业是许多地区的重要产业,通过提高稻米产量和质量,增加农民的收入,可以促进当地经济的增长和繁荣。这种发展不仅有助于提高人民的生活水平,还可以为农民创造更多的就业机会和收入来源。

大粮山稻米产学研基地项目的实施对当地经济的发展具有多方面的推动作用。以下是对这些作用的详细说明和分析。

（1）促进农业经济增长

稻米作为当地的主要作物,其产量的提高直接增加了农民的收入。随着农民收入的增加,他们可以将收入更多地投资于农业生产,引进更先进的农业技术和设备,进一步提高稻米的产量和质量。这种正向循环有助于农业经济的持续增长。

（2）创造就业机会

项目的实施为当地农民提供了大量的就业机会。农民不仅可以在自己的土地上工作,还可以参与到稻米种植、加工和销售等各个环节中。这不仅解决了农民的就业问题,还为当地创造了更多的就业机会,从而促进经济的繁荣。

（3）促进产业链发展

随着稻米产量的增加,与之相关的产业链也会得到发展。例如,稻米的加工、包装、运输和销售等环节都会得到促进。这不仅增加了农民的收入来源,还为当地创造了更多的就业机会,进一步推动经济的发展。

（4）提升当地知名度

项目的成功实施和稻米的优质品牌形象有助于提升当地的知名度。这不仅有助于吸引更多的投资和资源,还可以促进当地旅游业和其他产业的发展,进一步推动经济的增长。

（5）培养农业技术人才

项目的培训和指导环节可以帮助当地农民提高农业技术水平,培养更多的农业技术人才。这些人才可以进一步推广先进的农业技术,提高整个地区的农业生产水平,促进经济的持续发展。

大粮山稻米产学研基地项目的实施对当地经济的发展具有显著的推动作用。通过提高稻米产量和质量、创造就业机会、促进产业链发展、提升当地知名度和培养农业技术人才等多种方式,该项目为当地经济的持续增长和繁荣做出了重要贡献。

综上所述,国家农业产业强镇项目大粮山稻米产学研基地是一个成功的案例,展示了农业创新和合作如何促进农业发展、增加农民收入和推动当地经济进步。通过这种模式,乌鲁木齐市米东区实现了依托特色农业的乡村振兴。这种模式可以作为一种借鉴和参考,为其他地区实现乡村振兴提供思路和经验。

5.2.2　银川市在乡村振兴中,同样采取依托特色农业的模式

1.打造"兴庆稻鱼共生"的乡村振兴模式

银川市兴庆区在乡村振兴中,依托当地的特色农业资源,打造了"兴庆稻鱼共生"的乡村振兴模式。该模式通过推广稻田养鱼技术,将水稻种植和渔业养殖结合在一起,形成了一个循环的生态农业系统。这种模式不仅可以提高农产品的产量和质量,同时也能减少环境污染,提高经济效益。

(1)资源整合与优化配置

"兴庆稻鱼共生"模式充分利用了当地的水资源,将原本用于单一水稻种植的土地进行了多元化利用。通过引入鱼类养殖,不仅增加了农产品的种类,还提高了土地和水的利用效率。

(2)生态与经济效益双赢

稻鱼共生模式构建了一个良性的生态循环系统。鱼的排泄物可以为水稻提供养分,而水稻则为鱼提供了一个良好的生长环境。这种模式减少了化肥和农药的使用,降低了环境污染,同时也提高了农产品的质量和产量。

(3)市场潜力与竞争优势

由于该模式生产的农产品具有绿色、生态的标签,因此在市场上具有较高的竞争力。同时,由于实现了农产品的多样化,满足了消费者对于多样化食品的需求。

(4)促进农民增收与农村经济发展

稻鱼共生模式为当地农民提供了新的收入来源,通过这种模式,农民可以在同一土地上获得双重收益。这不仅提高了农民的收入水平,还带动了当地农村经济的活力。

(5)可持续性与发展前景

该模式具有可持续性,一旦建立起来,其生态循环系统可以持续运行,不需要频繁的外部干预。此外,随着技术的不断进步和管理的不断完善,这一模式还有很大的发展空间。

综上所述,银川市兴庆区的"兴庆稻鱼共生"模式是一种创新的乡村振兴方式,它通过整合农业资源、优化配置、提高经济效益、促进农民增收和推动农村经济发展等方面发挥了积极作用。这种模式的成功实践为其他地区提供了有益的借鉴,有助于推动我国乡村振兴战略的实施。

2."兴庆稻鱼共生"模式:可持续乡村振兴的创新与实践

通过将水稻种植与渔业养殖相结合,银川市兴庆区创新性地提高了土地和水资源的利用率,增加了农产品多样性和附加值,为农村经济发展和农民收入增长注入了新动力。这种模式形成了一个循环的生态农业系统,减少了化肥和农药的使用,降低了环境污染,提高了农产品安全性,为保护农村生态环境和实现农业可持续发展树立了典范。同时,该模式还有助于提升农民的环保意识和生态价值观,推动农村社会的整体进步。这一创新实践为乡村振兴事业提供了宝贵的经验和启示,值得在全国范围内推广和应用。

(1)该模式有效地利用了当地的特色农业资源

通过将水稻种植和渔业养殖相结合,不仅提高了土地和水资源的利用率,同时也增加了农产品的多样性和附加值。这种模式对于促进农村经济发展和增加农民收入具有积极的作用。

(2)该模式形成了一个循环的生态农业系统

稻田养鱼技术可以促进水稻和鱼的生长,同时产生的废弃物也可以得到循环利用。这种模式可以减少化肥和农药的使用,降低环境污染,提高农产品的安全性。这种可持续的农业发展方式对于保护农村生态环境和实现农业的可持续发展具有重要意义。

(3)该模式有助于提升农民的环保意识和生态价值观

通过推广这种模式,可以让更多的农民认识到环境保护和可持续发展的重要性,从而促进农村社会的整体进步。

总之,"兴庆稻鱼共生"模式是一种非常有创意和可持续的乡村振兴模式。通过这种模式的推广和应用,可以促进农村经济的发展,提高农民的生活水平,同时保护农村生态环境和实现农业的可持续发展。希望这种模式能够在更多的地方得到推广和应用,为乡村振兴事业做出更大的贡献。

3."企业+基地+农户"模式:推动乡村振兴的创新实践

银川市兴庆区在乡村振兴中采取的"企业+基地+农户"模式是一个创新和有效的实践。这种模式将企业、基地和农户紧密结合,形成了一个协同发展的产业链,促进了农村经济的可持续发展。

通过整合企业、基地和农户的资源,这种模式实现了农业生产的规模化、标准化和现代化,提高了农产品的品质和附加值。企业提供技术指导和销售渠道,降低了农户的市场风险,提高了他们的收入水平。基地作为连接企业和农户的桥梁,提供了必要的生产环境和基础设施,推动了农业产业升级。

这种模式不仅提高了农民的收入水平和生活质量,还带动了当地经济的发展,促进了城乡融合发展。它有助于提升农民的环保意识和生态价值观,推动农村社会的整体进步。

"企业+基地+农户"模式为乡村振兴事业提供了宝贵的经验和启示,值得在全国范围内推广和应用。通过这种模式的实施,可以进一步促进农村经济的发展,提高农民的生活水平,实现农业的可持续发展,为乡村振兴事业做出更大的贡献。

4.企业作为产业链的牵头者,提供技术指导和销售渠道

企业可以利用自身的技术和市场优势,帮助农民提高农产品的产量和质量,同时通过提供销售渠道,确保农户的收入来源。这种合作方式可以有效地降低农户的市场风险,提高他们的生产积极性和收入水平。

基地作为连接企业和农户的桥梁,可以提供必要的生产环境和基础设施。通过建立基地,可以实现规模化和标准化的农业生产,进一步提高农产品的品质和附加值。这种模式也有助于推动农业现代化和产业升级,从而带动当地经济的发展。

农户是这种模式的主体。他们通过与企业合作,可以获得更好的技术指导和销售渠道,降低生产和市场风险。同时,他们也可以通过参与基地的生产活动,获得稳定的收入来源和就业机会。这种模式有助于提高农户的收入水平和生活质量,促进农村社会的稳定和发展。

"企业+基地+农户"模式是一种非常有效的乡村振兴模式。通过这种模式的实施,可以推动农业现代化和产业升级,提高农民的收入水平和生活质量,同时带动当地经济的发展。希望这种模式能够在更多的地方得到推广和应用,为乡村振兴事业做出更大的贡献。

总之,通过这种依托特色农业的乡村振兴模式,银川市实现了农村经济的可持续发展,提高了农民的生活水平,推动了城乡融合发展。

5.2.3 依托特色农业的乡村振兴模式:榆中县蔬菜产业的成功实践

兰州市榆中县在乡村振兴中的"榆中蔬菜"模式是一个非常有创意并且成功的实践。这种模式的核心在于充分利用和开发当地的特色农业资源,通过政

策、企业和农户的协同努力,实现农业的现代化和可持续发展。

1. 榆中县选择蔬菜种植作为主导产业

蔬菜种植具有较高的经济价值,同时也有较大的市场需求。通过专注于一个产业,可以更好地集中资源,提高生产效率。榆中县选择蔬菜种植作为主导产业,主要是基于以下几个原因。

(1)经济价值高

蔬菜作为日常生活中的必需品,其市场需求量非常大。因此,蔬菜种植具有较高的经济价值,可以为当地农民带来稳定的收入来源。

(2)市场潜力大

随着人们生活水平的提高,对蔬菜的品质和种类要求也越来越高。这为蔬菜种植提供了广阔的市场空间。通过满足市场多元化的需求,可以增加蔬菜的附加值,提高经济效益。

(3)资源优势

榆中县具备适宜蔬菜种植的自然条件,如气候、土壤、水源等。利用这些资源优势,可以更好地提高蔬菜的产量和质量,增强市场竞争力。

(4)集中资源

选择一个主导产业可以更好地集中人力、物力和财力,避免资源的分散和浪费。通过集中资源,可以提高生产效率,加快产业升级,促进农业现代化。

(5)可持续性发展

专注于一个产业也有利于实现农业的可持续性发展。通过合理的资源配置和科学的生产管理,可以保护生态环境,实现经济和环境的双重效益。

综上所述,榆中县选择蔬菜种植作为主导产业是基于其较高的经济价值、广阔的市场前景、资源优势、集中资源和可持续性发展等因素的综合考虑。这种选择有助于推动当地农业现代化和乡村振兴。

2. 榆中县采取"政府+企业+农户"的模式

(1)政府在该模式中扮演重要的角色

政府可以提供政策支持,如财政补贴、税收优惠等,以鼓励农业的发展。此外,政府还可以提供技术指导,确保农业生产的技术先进性和生产效率。通过政策和技术支持,政府可以为企业和农户创造一个良好的发展环境,推动农业的现代化进程。

（2）企业在该模式中主要负责市场开拓和销售

企业可以利用自身的市场资源和渠道，将农户生产的农产品推向更广阔的市场，扩大产品的知名度和影响力。同时，企业还可以通过深加工、品牌建设等方式提高产品的附加值，增加产品的市场竞争力，为农户带来更多的收益。

（3）农户是该模式的生产主体

农产负责农业生产的各个环节，如种植、养殖等。农户的参与可以保证农业生产的稳定性和可持续性，因为他们对土地、气候等自然条件有深入的了解和经验。同时，通过与企业和经济发展主管部门的合作，农户可以学习先进的生产技术和经营理念，提高自身的生产效率和收入水平。

综上所述，这种模式的优势在于它能够充分发挥经济发展主管部门、企业和农户各自的优点，形成合力。通过政策支持和技术指导，经济发展主管部门为企业和农户创造良好的发展环境；通过市场开拓和销售，企业为农户带来更多的收益；通过参与生产和经营，农户保证农业生产的稳定性和可持续性。这种模式有助于推动农业现代化和乡村振兴，实现经济和社会的共同发展。

5.3 案例三：依托地域特色的乡村振兴战略

5.3.1 敦煌市

敦煌市以敦煌石窟和敦煌壁画闻名，敦煌市可以利用其独特的敦煌石窟和敦煌壁画资源，通过采取以下措施为地区经济发展带来动力。

1. 文化旅游开发

将敦煌石窟和敦煌壁画作为核心资源，开发文化旅游项目。可以通过建设博物馆、展览馆等设施，向游客展示敦煌文化的魅力，吸引更多游客前来参观。

敦煌石窟和敦煌壁画是中国文化的重要遗产，具有极高的艺术价值和历史意义。将它们作为核心资源开发文化旅游项目，不仅可以推动当地旅游业的发展，还可以传承和弘扬中华文化。

（1）建设博物馆和展览馆等设施

建设博物馆和展览馆等设施不仅可以为游客提供更好的参观体验,同时还可以保护和展示这些珍贵的文化遗产。在展览馆中,可以通过高科技手段(如虚拟现实、3D 打印等)让游客更加深入地了解敦煌文化。

（2）注重游客的参与和体验

开发文化旅游项目需要注重游客的参与和体验。例如,可以设计一些互动环节,让游客参与其中,亲身体验敦煌文化的独特魅力。此外,还可以开发一些文化创意产品,如壁画复制品、文创商品等,满足游客的购物需求。

为了更好地推广敦煌文化,还可以开展一些文化交流活动。例如,邀请国内外专家学者进行学术交流,举办文艺演出、民俗展示等活动,让更多人了解和喜爱敦煌文化。

（3）注重保护和传承珍贵的文化遗产

开发文化旅游项目过程中要注重保护和传承这些珍贵的文化遗产,不能因为追求经济效益而过度开发,造成不可挽回的损失。同时,还要注重生态环境保护,实现可持续发展。

综上所述,将敦煌石窟和敦煌壁画作为核心资源开发文化旅游项目,需要注重基础设施建设、游客体验、文化交流和保护传承等方面的工作。只有这样,才能让更多人了解和喜爱敦煌文化,同时实现当地旅游业的发展和经济的繁荣。

2. 影视制作

利用敦煌石窟和敦煌壁画的独特艺术价值,吸引影视制作公司前来拍摄电影、电视剧等作品,提升敦煌的知名度和影响力。

（1）敦煌石窟和敦煌壁画

敦煌石窟和敦煌壁画是中国古代艺术的瑰宝,其壮丽、神秘和独特的艺术风格吸引了无数人的目光。这种独特的艺术风格可以为影视作品提供丰富的视觉元素和创作灵感。

（2）敦煌市的历史和文化背景

敦煌市作为中国历史文化的重要载体,其深厚的文化内涵可以为影视作品提供丰富的故事背景和人物设定。无论是古装剧、历史剧,还是玄幻剧等类型的影视作品,敦煌市都可以为其提供丰富的素材和灵感。

（3）敦煌市独特的自然景观和地貌

敦煌市的地理特色和自然风光也是吸引影视制作公司的重要因素。在拍摄过程中，可以利用敦煌市的壮丽自然景观和独特的地貌特点为影视作品增添视觉冲击力。当然，在吸引影视制作公司前来拍摄的同时，还需要注意保护文化遗产。在拍摄过程中，确保不对文物造成损害，同时还要遵守当地的环境保护规定，确保可持续发展。

（4）与影视公司合作推动敦煌市文化旅游发展

通过与影视制作公司的合作，可以进一步推动敦煌的文化旅游发展。影视作品的传播可以吸引更多游客前来参观敦煌，了解其丰富的历史文化和独特的艺术魅力。

综上所述，利用敦煌石窟和敦煌壁画的独特艺术价值吸引影视制作公司前来拍摄电影、电视剧等作品，不仅可以提升敦煌的知名度和影响力，还可以推动当地的文化旅游发展。但同时，也需要注意保护文化遗产和遵守环境保护规定。

3. 文创产品开发

开发与敦煌文化相关的文创产品，如壁画复制品、石窟模型、文化衫等，满足游客的购物需求，并带动相关产业的发展。

利用敦煌石窟和敦煌壁画的独特艺术价值进行文创产品的开发，可以通过以下几个方面进行。

（1）创意设计

将敦煌石窟和壁画中的图案、色彩、造型等元素提取出来，结合现代审美和创意，设计出具有独特风格和艺术价值的文创产品。例如，可以设计出敦煌元素的服装、配饰、家居用品等。

（2）数字化技术

利用数字化技术，将敦煌石窟和壁画进行数字化处理，生成高清图像和三维模型。这些数字化内容可以用于文创产品的设计和制作，如数字绘画、虚拟现实、增强现实等。

（3）开发周边产品

根据敦煌石窟和壁画的特色，开发一系列周边产品，如文化纪念品、艺术品、工艺品等。这些产品可以以实体形式呈现，也可以以数字形式呈现，如电子书、游戏等。

(4)文化体验活动

通过组织文化体验活动,让游客亲身体验敦煌文化的魅力。例如,可以开设壁画临摹、石窟导览、文化讲座等活动,让游客在参与中感受敦煌艺术的独特价值。

(5)合作与推广

与艺术家、设计师、文化机构等进行合作,共同推动敦煌文创产品的研发和推广。同时,通过展览、销售、媒体宣传等方式,提高敦煌文创产品的知名度和影响力。

在具体实施过程中,需要注意以下几点。

(1)保护和传承

在利用敦煌石窟和壁画的独特艺术价值进行文创产品开发时,需要注意保护和传承这些宝贵的文化遗产,确保其真实性、完整性和可持续性。

(2)市场需求

了解市场需求和消费者喜好,开发出符合消费者需求的文创产品。同时,也需要不断关注市场变化和趋势,及时调整产品策略。

(3)品牌建设

建立敦煌文创产品的品牌形象,提高消费者对产品的认知度和信任度。通过品牌建设,可以提升文创产品的附加值和市场竞争力。

(4)知识产权保护

对于涉及的知识产权问题,需要加强保护和管理。例如,对于原创设计、数字化内容等,需要进行版权登记和知识产权保护,确保合法权益得到保障。

通过对以上几个方面的实施细节进行分析,我们可以更好地了解如何利用敦煌石窟和壁画的独特艺术价值进行文创产品的开发,为敦煌文化的传承和发展做出贡献。

4.艺术交流活动

举办与敦煌文化相关的艺术交流活动,吸引国内外艺术家前来参展、交流,提升敦煌的国际影响力。关于艺术交流活动的策划和实施,我们需要考虑以下几个方面。

(1)确定活动主题和目的

敦煌文化博大精深,可以选择与其相关的不同主题,如壁画艺术、石窟文化、佛教艺术等。要明确活动目的,例如是展示敦煌艺术的魅力、推动文化交流还是吸引游客等。

（2）确定活动形式和规模

根据主题和目的，选择适合的艺术交流形式，如展览、论坛、工作坊等。同时确定活动的规模，考虑是否邀请国内外知名艺术家参与，以及活动的参与人数等。

（3）策划宣传推广

为了吸引更多的艺术家和公众参与，需要进行有效的宣传推广。可以通过社交媒体、艺术机构、旅游网站等多种渠道进行宣传，同时设计吸引人的宣传语和海报。

（4）确定活动时间和地点

根据主题和目的，选择合适的时间和地点。如果目的是吸引游客，可以选择在旅游旺季举办活动；如果目的是推动文化交流，可以选择在敦煌的文化机构或相关场所举办活动。

（5）筹备活动物资和人员

根据活动形式和规模，确定所需的物资和人员，如展品、音响设备、灯光设备、志愿者等。

（6）活动现场管理和后续评估

在活动现场，需要进行有效的管理和服务，确保活动的顺利进行。活动结束后，需要对活动进行评估和总结，以便不断改进和完善未来的艺术交流活动。

在具体实施过程中，还需要注意以下几点。

（1）关注活动需求与反馈

对于活动的策划和实施，需要充分考虑参与者的需求和反馈，不断改进和完善活动内容。

（2）确保专业性与品质性

确保活动的专业性和高品质，吸引更多的艺术家和公众参与。

（3）加强合作

加强与国内外艺术机构的合作与交流，共同推动敦煌文化的传承和发展。

（4）艺术与旅游结合

将艺术交流活动与旅游相结合，为游客提供更加丰富多样的文化体验。

通过以上实施细节的详细讲解和分析，我们可以更好地理解如何策划和实施与敦煌文化相关的艺术交流活动，提升敦煌的国际影响力。

5. 教育培训

教育培训是利用敦煌石窟和壁画的独特艺术价值进行文创产品开发的重要方面之一。通过开设与敦煌文化相关的教育培训课程,如壁画修复、石窟保护等,可以培养专业人才,为敦煌的文化遗产保护和经济发展提供有力支持。以下是对该策略的详细分析和建议。

(1)开设敦煌文化课程

在教育培训方面,可以开设一系列与敦煌文化相关的课程,如敦煌历史、壁画艺术、石窟文化等。这些课程可以针对不同层次的学生和爱好者,如中小学生、大学生、研究生、社会人士等,满足不同人群的学习需求。通过系统地学习和了解敦煌文化,人们可以提高对文化遗产的认知和保护意识。

(2)培养专业人才

除了开设课程外,还可以通过教育培训培养专业人才,为敦煌的文化遗产保护和经济发展提供支持。例如,可以开设壁画修复、石窟保护等专业课程,培训专业人员从事文化遗产保护工作。同时,也可以通过举办讲座、研讨会等方式,吸引更多的专家学者关注敦煌文化,为其研究和发展提供支持。

(3)加国家际交流与合作

敦煌文化作为世界文化遗产,具有全球性的影响力和吸引力。因此,可以通过加国家际交流与合作,吸引更多的国际学生和专家学者参与敦煌文化的保护和研究。例如,可以与国外的大学、研究机构等建立合作关系,共同开展敦煌文化的研究和交流活动。同时,也可以通过举办国际学术会议、展览等活动,提高敦煌文化的国际知名度和影响力。

(4)创新教育方式

为了更好地吸引学生和爱好者,可以创新教育方式,采用多种形式的教学手段,如线上课程、实地考察、实践操作等。例如,可以开设线上课程,方便学生随时随地学习敦煌文化;可以组织实地考察活动,让学生亲身体验敦煌石窟和壁画的魅力;可以提供实践操作的机会,让学生参与到壁画修复、石窟保护等工作中。

(5)推广敦煌文化

通过教育培训,可以培养更多的人才和爱好者,为敦煌文化的传承和发展提供支持。同时,也可以通过教育和宣传的方式,向更多的人推广敦煌文化。例如,可以将敦煌文化的教育课程纳入学校教育中,让学生从小就了解和热爱敦煌文化;可以通过媒体宣传、展览等方式,向社会公众宣传敦煌文化的独特魅力和价值。

综上所述,利用敦煌石窟和壁画的独特艺术价值进行文创产品的开发需要多方面的支持和努力。通过开设与敦煌文化相关的教育培训课程、培养专业人才、加国家际交流与合作、创新教育方式和推广敦煌文化等方式,可以为敦煌的文化遗产保护和经济发展提供有力支持。同时,也需要不断关注市场需求和趋势,及时调整策略和方法,推动敦煌文化的可持续发展。

6. 合作开发

合作开发敦煌文化资源是一个极具潜力和前景的策略。通过与国内外的相关机构合作,可以共同挖掘和利用敦煌丰富的文化资源,引进先进的管理经验和资金支持,推动敦煌文化产业的快速发展。以下是对该策略的详细分析和建议。

(1)寻找合作伙伴

敦煌文化作为世界文化遗产,具有很高的国际知名度和影响力,因此,合作开发敦煌文化资源的过程中,可以积极寻求与国内外相关机构的合作。例如,可以与博物馆、研究机构、旅游公司等不同类型的机构建立合作关系,共同开发敦煌文化资源。在寻找合作伙伴时,需要考虑机构的信誉、专业背景、资源优势等因素,以确保合作的顺利进行。

(2)引进先进的管理经验

与国内外的相关机构合作,可以引进先进的管理经验和技术,提高敦煌文化产业的管理水平和运营效率。例如,可以学习借鉴合作伙伴在文化遗产保护、旅游开发、文创产品开发等方面的先进经验和技术,优化自身的管理模式和业务流程。同时,也可以通过合作交流,促进双方之间的知识共享和互学互鉴。

(3)引进资金支持

合作开发敦煌文化资源需要大量的资金投入,因此,可以积极引进国内外的资金支持。例如,可以通过合作项目、股权投资等方式吸引合作伙伴的资金投入,同时也可以争取政府、企业和个人的捐赠和支持。在引进资金支持的过程中,需要制定合理的资金使用计划和管理制度,确保资金的合理使用和有效投入。

(4)共同开发敦煌文化资源

与国内外的相关机构合作,可以共同开发敦煌丰富的文化资源。例如,可以合作开展文化遗产保护项目、文创产品开发项目、旅游开发项目等。通过合作开发,可以实现资源的共享和互利共赢,推动敦煌文化产业的快速发展。在共同开发过程中,需要注重保护和传承敦煌文化的独特性和原真性,避免对文化资源进行过度商业化和破坏性开发。

(5)加强国际交流与合作

敦煌文化作为世界文化遗产,具有全球性的影响力和吸引力。因此,可以加国家际交流与合作,吸引更多的国际合作伙伴参与敦煌文化资源的开发。例如,可以与国外的博物馆、研究机构、旅游公司等建立合作关系,共同开展敦煌文化资源的开发和推广活动。同时,也可以通过举办国际学术会议、展览等活动,提高敦煌文化的国际知名度和影响力。

综上所述,合作开发敦煌文化资源潜力巨大,同时,也需要注重保护和传承敦煌文化的独特性和原真性,实现可持续发展。

通过以上措施,敦煌市可以充分利用其特色景观资源,推动地区经济的发展和文化传承。同时,要注意保护好文化遗产,确保可持续利用。

5.3.2　嘉峪关市

嘉峪关市是明长城的西端起点,也是一座城堡式的城市,有着"天下第一雄关"的美誉。嘉峪关市可以利用其独特的嘉峪关长城和城堡式城市景观,采取以下措施为地区经济发展带来动力。

1. 旅游开发

嘉峪关市作为明长城的西端起点和一座具有特色的城堡式城市,具有丰富的历史文化和自然景观资源,因此,旅游开发是促进嘉峪关市发展的重要途径之一。以下是对该策略的详细分析和建议。

(1)资源调查与评估

在开发嘉峪关市的旅游资源之前,需要对当地的旅游资源进行全面的调查和评估,包括对嘉峪关市的历史文化、自然景观、民俗风情等方面的调查,以及对其旅游价值和开发潜力的评估。通过资源调查与评估的评估,可以确定嘉峪关市的旅游资源优势和不足,为后续的开发提供依据。

(2)制定旅游开发规划

在资源调查与评估的基础上,需要制定嘉峪关市的旅游开发规划。规划应该明确旅游开发的目标、定位、重点和措施,包括旅游景区的建设、景点开发、旅游服务设施完善等方面。同时,规划还需要考虑当地的环境保护和可持续发展,避免过度开发破坏生态环境。

(3)建设旅游景区和景点

建设旅游景区和景点是嘉峪关旅游开发的核心内容。可以根据嘉峪关市的旅游资源和特色,建设不同类型的景区和景点,如历史文化景区、自然风光景区、民俗文化景点等。在景区和景点的建设中,需要注重保护和传承嘉峪关的历史文化和自然景观,同时加强游客体验和参与性设计,提高游客满意度。

(4)完善旅游服务设施

提供优质的旅游服务是吸引游客的重要保障。因此,需要完善嘉峪关市的旅游服务设施,包括住宿、餐饮、交通、导游服务等方面。可以建设不同档次的酒店、民宿等住宿设施,提供具有地方特色的美食和餐饮服务,加强交通基础设施建设,提高旅游交通便利性,同时培养专业的导游服务团队,提高导游服务质量。

(5)加强宣传推广

加强宣传推广是促进嘉峪关市旅游业发展的重要手段。可以通过各种媒体和渠道,如电视、网络、社交媒体等,宣传嘉峪关的旅游资源和特色,提高其知名度和影响力。同时,可以举办各类旅游文化活动和节庆活动,吸引游客前来参观和体验。在宣传推广中,需要注重突出嘉峪关市的历史文化和自然景观特色,以及其作为明长城西端起点的独特地位。

(6)加强区域合作与交流

嘉峪关市所在的甘肃省是中国历史文化的重要地区之一,拥有众多的历史遗迹和自然景观。因此,嘉峪关市可以加强与其他地区的合作与交流,共同推动旅游业的发展。例如,可以与甘肃省内的其他城市合作,共同打造精品旅游线路和特色旅游产品;可以与周边省份合作,共同举办旅游文化活动和节庆活动等。通过区域合作与交流,可以进一步扩大嘉峪关的旅游市场和影响力。

综上所述,旅游开发是促进嘉峪关市发展的重要途径之一。通过全面调查和评估嘉峪关市的旅游资源,制定科学的开发规划,建设优质的景区和景点,完善旅游服务设施,加强宣传推广和区域合作与交流,可以进一步推动嘉峪关市旅游业的发展,为当地经济社会发展注入新的活力。

2. 文化传承

文化传承是保持和发扬一个民族或地区独特文化的重要方式。嘉峪关的长城和城堡式城市景观作为中华文化的重要组成部分,对其传承和弘扬具有重要意义。以下是对该策略的详细分析和建议。

(1)嘉峪关长城和城堡式城市景观的文化价值

嘉峪关长城和城堡式城市景观是中国古代军事、建筑和工艺的杰出代表,是中国古代边防的重要据点,见证了中华文明的繁荣和发展。它们体现了中华民族的智慧、勇气和坚韧,是中华文化的重要组成部分。

(2)举办文化活动

为了传承和弘扬嘉峪关的文化,可以举办一系列的文化活动。

①嘉峪关长城文化节:以嘉峪关长城为主题,举办一系列的文化活动,如长城摄影大赛、长城主题征文、长城文化讲座等,吸引更多的游客和当地居民参与。

②嘉峪关城堡文化节:以嘉峪关城堡式城市景观为主题,举办城堡主题展览、城堡文化讲座、城堡主题演出等,让更多的人了解嘉峪关的历史和文化。

③嘉峪关民俗文化节:以嘉峪关地区的民俗文化为主题,展示当地的民俗风情、传统手工艺等,让游客和当地居民更加了解当地的文化和历史。

(3)展览与展示

通过展览与展示的方式,可以让更多的人了解嘉峪关的文化和历史。

①嘉峪关长城博物馆:可以在嘉峪关建立一个长城博物馆,展示长城的历史、文化和建筑特点,以及与长城相关的文物和艺术品。

②嘉峪关城堡博物馆:可以在嘉峪关建立一个城堡博物馆,展示城堡的历史、文化和建筑特点,以及与城堡相关的文物和艺术品。

③嘉峪关民俗博物馆:可以在嘉峪关建立一个民俗博物馆,展示当地的民俗风情、传统手工艺等,以及与民俗相关的文物和艺术品。

(4)教育与培训

为了更好地传承和弘扬嘉峪关的文化,需要加强教育和培训工作。

①开设长城文化课程:在当地的中小学开设长城文化课程,让学生了解长城的历史和文化,增强对中华文化的认同感和自豪感。

②举办文化培训班:针对当地居民和游客,举办各种文化培训班,如长城建筑艺术、城堡历史、民俗文化等,提高人们对嘉峪关文化的认知和理解。

③加强导游培训:加强对导游的培训和管理,提高导游的专业素质和文化素养,使其能够更好地向游客介绍嘉峪关的文化和历史。

（5）合作与交流

通过合作与交流的方式，可以进一步扩大嘉峪关文化的影响力和知名度。

①与国内其他地区的文化机构合作：与国内其他地区的文化机构合作，共同举办文化活动、展览等，促进不同地区之间的文化交流与合作。

②与国际文化机构交流：与国际文化机构交流，共同开展文化交流项目，提高嘉峪关文化的国际知名度和影响力。

③加强与其他地区的合作：加强与其他地区的合作，共同打造精品旅游线路和特色旅游产品，推动区域旅游和文化产业的协同发展。

3. 创意产业

创意产业是一种以创新、创造力和知识产权为核心的产业，具有高附加值、高收益和高成长性的特点。结合嘉峪关的特色景观，发展创意产业不仅可以提升嘉峪关的产业附加值，还可以推动文化创意产业的发展，促进当地经济的转型升级。以下是对该策略的详细分析和建议。

（1）嘉峪关特色景观与创意产业的结合

嘉峪关的特色景观包括长城、城堡、自然风光等，这些景观不仅具有极高的历史文化价值，还是发展创意产业的良好素材。通过将嘉峪关的特色景观与创意产业相结合，可以创造出具有独特魅力和市场价值的文化产品和服务。

（2）创意设计

创意设计是创意产业的重要组成部分，可以通过设计创新，将嘉峪关的特色景观元素融入产品和服务中，创造出具有嘉峪关特色的文化产品和服务。

①嘉峪关特色纪念品设计：设计具有嘉峪关特色的纪念品，如长城模型、城堡冰箱贴等，让游客将嘉峪关的文化带回家。

②嘉峪关城市形象设计：将嘉峪关的特色景观元素融入城市形象设计中，如城市雕塑、公共设施等，提升嘉峪关的城市形象和文化氛围。

（3）文化艺术

文化艺术是创意产业的重要领域之一，可以通过将嘉峪关的文化艺术元素与现代艺术形式相结合，创造出具有独特魅力的文化艺术作品。

①嘉峪关题材的影视作品：以嘉峪关的历史和文化为题材，创作影视作品，如纪录片、电影等，通过影像的方式呈现嘉峪关的独特魅力。

②嘉峪关主题的舞台演出：以嘉峪关的文化艺术元素为素材，创作舞台演出作品，如音乐会、舞蹈等，让观众通过表演感受嘉峪关的文化魅力。

（4）推动文化创意产业的发展

为了推动文化创意产业的发展，需要采取一系列措施。

①加强政策支持：政府可以出台相关政策，对文化创意产业给予扶持和奖励，鼓励企业和社会资本投入文化创意产业。

②建设文化创意产业园：在嘉峪关地区建设文化创意产业园，吸引优秀的创意企业和人才聚集，形成完整的产业链和生态圈。

③加强品牌建设：通过打造具有嘉峪关特色的文化品牌，提升嘉峪关文化创意产业的知名度和美誉度。同时可以与旅游相结合，在景区开设文创商品店，推广文创产品。此外，举办文化创意活动如设计大赛、艺术展览等也能吸引更多人关注和参与嘉峪关的文化创意产业。

④培养人才：加强文化创意产业人才的培养和引进工作，提高创意人才的素质和能力水平。通过与高校、研究机构合作，开设相关课程和培训项目，培养具有创新思维和实践能力的文化创意人才。

⑤加强合作与交流：积极与其他地区开展合作与交流活动，共同推动文化创意产业的发展。可以参加国内外的文化创意产业展览、论坛等活动，拓展合作渠道和资源共享平台。

⑥完善公共服务体系：建立健全公共服务体系，为文化创意产业的发展提供全方位的服务支持。包括提供创业孵化服务、知识产权保护服务、融资服务等，优化营商环境吸引更多的企业和人才在嘉峪关地区开展文化创意产业活动。

⑦创新营销策略：运用现代营销手段和新媒体平台推广嘉峪关的文化创意产品和服务。通过社交媒体、网络直播等方式与消费者互动，提高品牌知名度和市场占有率。同时可以运用大数据分析市场需求和消费者行为特点制定精准的营销策略，提高营销效果。

4. 影视制作

影视制作是一种将视觉和听觉艺术相结合的艺术形式，具有广泛的受众和深远的影响力。利用嘉峪关的独特景观和历史背景，吸引影视制作公司前来拍摄电影、电视剧等作品，可以极大地推动影视产业的发展，提升嘉峪关的知名度和影响力。以下是对该策略的详细分析和建议。

（1）嘉峪关的独特景观和历史背景

嘉峪关拥有丰富的自然景观和人文历史背景，为影视制作提供了丰富的素材和灵感。长城、城堡、大漠风光等景观元素,以及嘉峪关地区悠久的历史和文化遗产,为拍摄各种类型的影视作品提供了理想的场所。

(2)吸引影视制作公司

为了吸引影视制作公司前来拍摄,需要采取一系列措施。

①政策支持:政府可以出台相关政策,对在嘉峪关地区拍摄的影视制作公司提供税收优惠、场地租赁优惠等政策支持,降低制作成本。

②基础设施建设:加强基础设施建设,包括拍摄场地、道路、住宿、餐饮等方面的建设,为影视制作提供良好的硬件条件。

③宣传推广:通过各种渠道宣传嘉峪关的独特景观和历史背景,提高嘉峪关在影视制作行业的知名度。可以组织影视推介活动、拍摄宣传片、参加影视展览等方式进行宣传推广。

④建立合作机制:与影视制作公司建立长期稳定的合作关系,通过合作机制的建立,吸引更多的影视制作项目前来嘉峪关拍摄。

(3)推动影视产业发展

吸引影视制作公司前来拍摄只是第一步,更重要的是通过影视产业的发展带动相关产业的发展,形成完整的产业链。具体措施如下。

①培育本地影视制作企业:鼓励本地企业涉足影视制作领域,通过政策扶持和人才培养,提高本地影视制作企业的竞争力。

②发展影视配套服务:发展影视配套服务产业,如道具制作、服装设计、化妆造型等,形成完整的产业链条。

③拓展影视产业市场:积极开拓国内外市场,将嘉峪关的影视作品推向更广阔的市场,提升嘉峪关在影视产业的影响力。

④加国家际合作与交流:与其他国家和地区的影视机构开展合作与交流活动,引进先进的制作技术和理念,提高嘉峪关在影视产业的国际地位。

(4)提升嘉峪关知名度和影响力

通过影视制作产业的推动和发展,可以有效提升嘉峪关的知名度和影响力。具体措施如下。

①举办影视节庆活动:定期举办嘉峪关国际电影节、电视剧展等活动,吸引国内外影视行业人士和观众参与,提高嘉峪关在影视行业的知名度和影响力。

②加强宣传推广:通过各种渠道宣传嘉峪关的影视作品和相关活动,扩大嘉峪关在国内外的影响力。可以利用新媒体平台、传统媒体渠道等进行宣传

推广。

③打造嘉峪关影视品牌:通过优秀作品的推出和品牌形象的塑造,打造嘉峪关独特的影视品牌形象,提高嘉峪关在国内外市场的知名度和美誉度。

5. 城市规划与建设

城市规划与建设是塑造城市形象、提升城市品质的重要手段。以下是对该策略的详细分析和建议。

(1)嘉峪关特色元素的挖掘与提炼

嘉峪关拥有丰富的历史文化遗产和独特的地理特征,如城墙、烽火台、大漠风光等,这些都是塑造城市风貌的重要元素。在城市规划和建设中,需要对这些特色元素进行深入挖掘和提炼,保留其独特的文化价值和历史意义,同时结合现代城市发展的需求,进行创新性的设计和应用。

(2)特色元素在城市规划中的应用

在城市规划中,可以将嘉峪关的特色元素融入各个区域和地标的设计中,形成具有嘉峪关特色的城市空间布局。例如,在城市道路设计中,可以结合嘉峪关的城墙元素,打造具有历史感的街道景观;在公共空间设计中,可以运用烽火台元素,营造具有地域特色的城市广场或公园;在建筑设计中,可以借鉴嘉峪关的传统建筑风格,建设具有嘉峪关特色的地标建筑等。

(3)特色元素在城市建设中的作用

在城市建设中,融入嘉峪关的特色元素可以提升城市的形象和品质。首先,特色元素可以为城市带来独特的视觉形象,使城市风貌更具辨识度和吸引力。其次,特色元素能够弘扬嘉峪关的历史文化,提升城市的软实力和影响力。最后,特色元素能够提高市民的归属感和自豪感,增强城市的凝聚力和向心力。

(4)保护与传承并重

在融入嘉峪关特色元素的过程中,需要注重保护和传承传统文化。一方面,要保护好现有的历史文化遗产,防止破坏和滥用;另一方面,要注重传承和发展传统文化,使其在城市规划和建设中得到有效的延续和创新。可以通过制定相关法规和政策、加强文化教育等措施,促进传统文化的保护与传承。

总之,在城市规划和建设中融入嘉峪关的特色元素,可以打造具有独特魅力和风格的嘉峪关城市风貌,进一步提升城市的形象和品质。同时,需要注重保护和传承传统文化,实现传统与现代的和谐统一。

6.旅游商品开发

旅游商品开发是旅游业的重要组成部分,对于提升旅游体验、满足游客需求以及促进当地经济发展具有重要意义。针对嘉峪关,开发与当地相关的旅游商品,可以从以下几个方面进行详细讲解和分析。

(1)市场调研与定位

在开发旅游商品之前,需要进行充分的市场调研,了解游客的需求和喜好。针对嘉峪关的历史文化背景和旅游特色,可以重点开发具有纪念意义的商品,如刻有嘉峪关名字的定制纪念品、仿古工艺品等。同时,针对游客的口味需求,可以开发具有地方特色的美食,如嘉峪关烤肉、地方特色小吃等。

(2)设计与创新

在商品开发过程中,需要注重设计和创新。在纪念品的设计上,可以融入嘉峪关的特色元素,如城墙、烽火台等,使商品具有独特的地域特色和历史文化内涵。在美食的开发上,可以在保持传统风味的基础上,进行口味和包装的创新,提高商品的吸引力。

(3)品质保证与品牌建设

品质是商品的生命线,因此需要严格把控商品的质量和品质。在生产过程中,可以采用优质的材料和工艺,确保商品的品质和耐用性。同时,需要注重品牌的建设和推广,通过打造具有嘉峪关特色的知名品牌,提高商品的知名度和美誉度。

(4)营销与推广

在商品上市后,需要进行有效的营销和推广。可以通过与旅行社合作、举办特色商品展览会等形式,将商品推向市场。同时,可以利用互联网和社交媒体等新媒体平台进行宣传和推广,提高商品的知名度和销售量。

(5)持续改进与优化

旅游商品的开发是一个持续改进和优化的过程。需要根据市场的反馈和消费者的需求,不断调整和优化商品的设计和品质。同时,需要关注行业的发展动态和市场趋势,及时调整营销策略和推广方式,保持商品的市场竞争力。

综上所述,开发与嘉峪关相关的旅游商品需要注重市场调研、设计创新、品质保证、品牌建设和营销推广等方面的工作。通过不断改进和优化,可以满足游客的购物需求,推动商贸业的发展,为嘉峪关的旅游业发展注入新的活力。

通过以上措施,嘉峪关市可以充分利用其特色景观资源,推动地区经济的发展和文化传承。同时,要注意保护好文化遗产,确保可持续利用。

5.3.3　张掖市

张掖市的丹霞地貌非常壮观,被誉为"张掖丹霞甲天下"。张掖市可以利用其壮观的丹霞地貌,采取以下措施为地区经济发展带来动力。

1.发展旅游业

张掖丹霞地貌是中国自然景观的瑰宝,其独特的红色地貌、丰富的色彩和地貌形态吸引了无数游客的目光。这种地貌不仅具有极高的观赏价值,还承载了丰富的科学信息,为地质学、地貌学等领域的研究提供了宝贵的资料。在此基础上,将张掖丹霞地貌打造成一个知名的旅游胜地,不仅可以推动当地经济的发展,还可以提升其在国内外的知名度。

(1)张掖丹霞地貌的旅游价值

张掖丹霞地貌的色彩和形态独特,随着阳光的角度和天气的变化,其颜色会呈现出不同的层次和深浅。这种地貌景观在全世界都是非常罕见的,因此具有很高的观赏价值。此外,其形成的地质过程和历史背景也提供了丰富的科学探索机会,使得张掖丹霞地貌成为一个集自然美景与科学探索于一体的旅游胜地。

(2)旅游业发展的策略

为了充分发挥张掖丹霞地貌的旅游潜力,需要从以下几个方面进行策略规划。

①完善基础设施:需要加强基础设施建设,包括交通、住宿、餐饮等方面。尤其在交通方面,需要建设便捷的交通路线,方便游客到达景区。同时,景区内部也需要设置合理的步行道和观景台,确保游客的安全和舒适的游览体验。

②提升服务质量:服务质量是衡量一个旅游目的地水平的重要标准。通过培训和选拔,建立一支高素质的导游队伍,提供专业的讲解服务。同时,也需要提高餐饮、住宿等方面的服务质量,提升游客的满意度。

③加强宣传推广:利用现代媒体和社交平台,加强对张掖丹霞地貌的宣传推广。通过制作精美的宣传资料、拍摄高质量的宣传片等方式,提高其在国内外市场的知名度。此外,也可以通过举办相关的文化活动和节庆活动,吸引更多的游客前来参观。

④注重环境保护:在发展旅游业的同时,必须注重环境保护,维持景区的生

态平衡和可持续发展。加强对游客的管理和引导,减少对自然环境的破坏,张掖丹霞地貌才能够长期保持其独特的魅力和价值。

⑤开发多元化旅游产品:除了基本的观光旅游外,还可以开发多元化的旅游产品,如地质考察、户外探险、摄影等,以满足不同游客的需求和兴趣。这样不仅可以增加旅游收入的来源,还能进一步提升景区的吸引力。

⑥与周边地区合作:加强与周边地区的合作,共同打造一条有特色的旅游线路。这样可以共享资源,提高整体的竞争力,也能给游客提供更多的选择和更好的体验。

⑦持续改进和创新:旅游业是一个不断变化的行业,需要持续改进和创新以适应市场的变化和游客的需求。定期收集和分析游客的反馈和建议,针对性地进行改进。同时,也需要关注行业的发展趋势和技术创新,将其应用到实际的运营和管理中。

综上所述,张掖丹霞地貌具有巨大的旅游潜力,通过合理的规划和开发,可以将其打造成一个世界级的旅游胜地。这不仅可以促进当地经济的发展,还能为国内外游客提供一个独特的旅游体验。

2.生态保护与可持续发展

在面对丹霞地貌这一自然奇观时,我们不仅要欣赏其壮丽的景色,更要意识到在开发利用这一资源的过程中,生态保护与可持续发展是至关重要的。

(1)生态保护的重要性

丹霞地貌的形成历经数百乃至上千年,其生态系统和地质结构都十分脆弱。一旦遭到破坏,不仅影响其自然景观的价值,还可能对当地的生态系统造成不可逆的损害。因此,在开发过程中,我们必须采取一切必要措施,确保生态平衡和自然环境的完整性。

(2)可持续发展的考量

可持续发展要求我们在满足当代需求的同时,不损害未来世代满足需求的能力。在丹霞地貌的开发中,这意味着我们需要合理规划和管理,确保资源的长期利用。例如,通过限制每日游客数量,减轻对地貌的压力;通过科学的导游指引,减少游客活动对地貌的负面影响。

(3)科学规划与管理

要实现生态保护与可持续发展,科学规划与管理是关键。这包括但不限于:制定详细的开发方案、设定合理的游客承载量、建立有效的监测系统等。通过科学的方法,我们可以更准确地评估地貌的生态状况,及时采取必要的保护措施。

(4)公众参与与教育

除了政府和企业的责任,公众的参与和教育也是生态保护的重要一环。通过开展生态旅游、环保教育等活动,我们可以提高公众的环保意识,使他们在享受自然美景的同时,更加珍惜和保护这片土地。此外,公众的参与还能对政府和企业形成有效的监督,促使他们在开发过程中更加注重生态保护和可持续发展。

丹霞地貌作为自然界的宝贵遗产,其生态保护与可持续发展是我们共同的责任。只有意识到生态保护的重要性,坚持可持续发展,通过科学规划、有效管理和广泛的公众参与,我们才能确保这一自然奇观的长期保存,为后代留下一个美丽而完整的丹霞地貌。

3.科学研究与教育

张掖丹霞地貌,以其独特的地质构造和壮丽的景色,吸引了众多科研和教育机构。这片神奇的土地不仅是大自然的杰作,更是一个天然的地质博物馆,为地质学、地理学、环境科学等多学科领域提供了宝贵的实证和研究素材。可以利用这一资源优势,开展科学研究与教育活动,吸引相关领域的专家学者前来考察、交流,推动学术研究的进步。

(1)地质学研究

张掖丹霞地貌的形成与演化过程,对于地质学研究者来说,是一个天然的实验室。通过对地貌的岩石、土壤、地貌形态等进行深入研究,可以揭示地壳运动、气候变化等重要地质现象。这对于深化我们对地球科学领域的理解有着重要的价值。

(2)地理学研究

丹霞地貌在地理学研究中也具有重要地位。其形成与地理环境、气候条件等密切相关。通过研究丹霞地貌的分布、特征和变化,地理学者可以进一步理解地理环境的演变过程,以及地貌与生态环境之间的相互作用。

(3)环境科学研究

环境科学领域的专家也可以从张掖丹霞地貌中获得启示。丹霞地貌的生态系统、植被分布等都可以作为环境变化的指示器。通过研究这些信息,环境科学家可以更好地理解全球气候变化对自然环境的影响。

（4）科研与教育活动的开展

利用张掖丹霞地貌的资源优势，可以开展一系列科研与教育活动。例如，组织学术研讨会、野外实地考察、学生实习等。这些活动不仅可以吸引国内外相关领域的专家学者前来交流，还可以为高校学生提供实践机会，培养他们的科研兴趣和实际操作能力。

（5）推动学术进步与社会发展

通过科研与教育活动的开展，可以进一步推动相关学术领域的进步，培养更多的专业人才。同时，通过科学研究和教育，可以提高公众对丹霞地貌的认识和保护意识，促进当地社会经济的可持续发展。

综上所述，张掖丹霞地貌的科研和教育价值不可估量。作为天然的地质博物馆，它为多学科领域的研究提供了得天独厚的条件。通过科学研究和教育活动的开展，我们可以更好地利用这一资源优势，推动学术进步，促进人与自然的和谐共生。

4. 文化创意产业

张掖丹霞地貌以其独特的自然景观，为文化创意产业的发展提供了丰富的素材和灵感。结合这一得天独厚的资源，发展影视制作、艺术创作、文化活动等创意产业，不仅可以提升张掖市的软实力，更能扩大其在国内外的文化影响力。

（1）影视制作

张掖丹霞地貌的壮丽景色为影视制作提供了天然的拍摄场景。从电影、电视剧到纪录片，都可以在这里找到令人震撼的场景。通过影视作品的传播，张掖丹霞地貌的美景和文化内涵将得到更广泛的传播，吸引更多游客和投资者。

（2）艺术创作

丹霞地貌的神奇景象也激发了艺术家们的创作灵感。绘画、摄影、诗歌、音乐等各类艺术形式都可以在这里找到自己的表达方式。通过艺术家的创作，张掖丹霞地貌的文化内涵将得到更深入的挖掘和传播。

（3）文化活动

结合丹霞地貌的特色，可以举办各种文化活动，如摄影展、绘画展、诗歌朗诵会等。这些活动不仅能够吸引游客，增加当地经济收入，同时也能提升张掖市的文化形象，增强城市的软实力。

（4）提升软实力与影响力

通过发展文化创意产业，张掖市不仅可以增加经济收入，创造就业机会，同时也能提升其在国内外的知名度。当人们通过影视作品、艺术作品和文化活动了解张掖丹霞地貌时,他们也会对这座城市产生浓厚的兴趣,进一步促进旅游和投资。

综上所述,张掖丹霞地貌为文化创意产业的发展提供了得天独厚的条件。通过文化创意产业的开发,我们可以更好地利用这一资源优势,提升张掖市的软实力和文化影响力。在未来,我们应继续探索如何更好地结合丹霞地貌的特色,发展具有地方特色的文化创意产业,使其成为推动张掖市经济和社会发展的重要力量。

5. 地方特色产品开发

在丹霞地貌的独特背景下,开发具有地方特色的产品不仅是对于自然资源的有效利用,更是推动商贸业发展的有力手段,实现丹霞地貌资源与商贸业发展的融合。

(1)纪念品开发

纪念品作为地方文化与特色的载体,具有极大的市场潜力。张掖丹霞地貌的纪念品可以设计为各种形式,如明信片、手工艺品、模型等。这些纪念品可以融入丹霞地貌的元素,如色彩、形状等,使其具有独特的纪念意义和收藏价值。

(2)特色美食

特色美食作为地方文化的重要组成部分,对于吸引游客具有重要意义。结合丹霞地貌的特色,开发出具有地方风味的美食,如丹霞地貌主题的糕点、饮品等,既满足了游客的味蕾,又促进了商贸业的发展。

(3)满足游客需求

随着旅游业的发展,游客对于特色产品的需求日益增长。开发具有地方特色的产品,能够满足游客对于独特购物体验的需求,同时也有助于延长游客的停留时间,进一步促进旅游业的繁荣。

(4)商贸业发展

特色产品的开发不仅能满足市场需求,同时也能促进商贸业的发展。通过特色产品的生产和销售,可以带动相关产业链的发展,创造更多的就业机会和经济效益。

利用丹霞地貌的独特资源开发地方特色产品,不仅可以满足游客的购物需求,促进商贸业的发展,同时也能传播地方文化,提升城市的知名度和影响力。在未来的发展中,应更加注重产品的质量和文化内涵,以实现可持续的商贸业发展。

总之,张掖市可以利用其丹霞地貌的特色景观,发展旅游业、科学研究与教育、文化创意产业和地方特色产品开发等,为地区经济发展带来动力。同时,要注重生态保护和可持续发展,确保资源的可持续利用。

5.3.4 武威市

武威是丝绸之路上的重镇,有着悠久的历史和文化,曾是中国的"四大名马"之一——天马的故乡。

武威市可以利用其悠久的历史、文化以及天马故乡的特色景观,采取以下措施为地区经济发展带来动力。

1. 文化旅游

武威,作为丝绸之路上的重要节点,拥有着丰富的历史文化遗产。这些文化遗产不仅代表了武威的历史与文化积淀,也为文化旅游提供了得天独厚的资源。

(1)雷台公园

雷台公园是武威市的一处重要历史遗迹,其中包含了众多的古代建筑、雕塑和碑刻。游客在这里可以深入了解武威的历史文化,感受古代工匠的精湛技艺。

(2)文庙

文庙是古代文人祭祀孔子的地方,也是展示儒家文化的重要场所。游客可以在这里体验古代的祭祀仪式,了解儒家文化对古代中国的影响。

(3)罗什寺塔

罗什寺塔是为了纪念鸠摩罗什在武威的翻译经文而建。这座塔不仅是宗教的象征,也是中西文化交流的见证。游客可以在这里感受到佛教文化的深远影响和中外文化的交流融合。

(4)文化旅游线路开发

结合这些文化遗产,可以开发多条文化旅游线路,满足不同游客的需求。例如,可以设计一条从雷台公园到文庙再到罗什寺塔的线路,让游客系统地了解武威的历史文化。

(5)文化活动与展览

为了增强游客的参与感和体验感,可以定期举办各种文化活动和展览。例如,可以组织古装巡游、传统工艺展示、历史文化讲座等,让游客更加深入地了解武威的历史文化。

武威的文化遗产是其旅游发展的宝贵资源。通过合理开发和利用这些资源,不仅可以吸引大量的游客,增加当地的旅游收入,同时也能提升武威的知名度,促进其文化传播和国际交流。未来,应进一步加大对武威文化遗产的保护力度,确保其可持续利用和发展。

2. 马产业

武威,曾经是中国的"四大名马"之一——天马的故乡,拥有着丰富的马种资源和深厚的马文化。这为武威的马产业发展提供了得天独厚的条件。

(1)天马资源

天马,作为中国传统的优良马种,其力量与速度兼具,深受人们喜爱。武威作为天马的故乡,拥有培育优良马种的天然优势。通过建立马场,引进和培育优良马种,可以为马产业的发展提供优良的条件。

(2)马术培训与比赛

利用天马的资源优势,可以开展马术培训和比赛活动。这些活动不仅能够吸引马术爱好者前来体验,提高武威的知名度,同时也能为当地的旅游业注入新的活力。

(3)马相关产品开发

除了马术活动,还可以开发与马相关的产品,如马鞍、马鞭、马术装备等。这些产品不仅能够满足市场需求,提高经济效益,同时也能为传统工艺的传承和发展做出贡献。

(4)策略建议

①资源整合:整合当地的马种资源,建立专业化的马场,进行良种培育。

②品牌建设:打造"武威天马"的品牌形象,提升其在国内外市场的知名度。

③文化推广:举办与马相关的文化活动,如马术比赛、天马文化节等,推动马文化的传播。

④产业链延伸:除了马术培训和比赛,可以进一步发展与马相关的旅游、赛事、培训等业务,形成完整的产业链。

⑤合作与交流:与其他地区的马产业进行合作与交流,共同推动中国马产业的发展。

通过以上策略的实施,武威可以充分利用其天马的资源优势,将马产业打造成当地的特色产业,促进经济和文化的共同发展。

3.农业开发

武威市拥有丰富的农业资源和独特的地理气候条件,为有机农产品和特色果蔬的生长提供了得天独厚的条件。为了推动当地农业的发展,提升农产品的市场竞争力,武威市可以从以下几个方面进行农业开发。

(1)有机农产品开发

①有机认证:鼓励和支持当地农民按照有机农业生产标准进行种植,确保产品质量符合国内外有机认证标准。

②种植技术:引进先进的有机种植技术,提高农产品的产量和品质,确保产品安全、健康。

③品牌建设:通过品牌推广和营销,提高武威有机农产品的知名度和市场认可度。

(2)特色果蔬种植

①品种选择:根据市场需求和当地气候条件,选择适合种植的特色果蔬品种。

②种植管理:加强种植技术的培训和指导,提高农民的种植管理水平,确保果蔬的品质和产量。

③产业链延伸:除了种植环节,可以进一步拓展果蔬的加工、储存和销售环节,提高附加值。

(3)销售渠道拓展

①电商平台:利用电商平台如淘宝、京东等,将农产品直接销售给消费者,减少中间环节,提高利润。

②农产品展销会:定期举办农产品展销会,展示当地的优质农产品,吸引更多的采购商和消费者。

③合作与联盟:与其他地区的农业合作社或农业企业建立合作关系,共同开拓市场,提高市场占有率。

(4)市场推广与合作

①市场调研:定期进行市场调研,了解消费者的需求和偏好,为农产品的种植和销售提供依据。

②合作交流:与其他地区的农业部门或企业进行合作与交流,分享经验和技术,共同推动农业的发展。

③宣传推广：通过媒体广告、社交媒体等多种方式，宣传武威的绿色农业品牌，提高知名度和美誉度。

通过以上策略的实施，武威市可以充分利用其农业资源优势，打造具有特色的绿色农业品牌，拓展销售渠道，提高农产品的知名度和市场占有率。这将有助于推动当地农业的可持续发展，增加农民收入，促进区域经济的繁荣。

4. 城市形象建设

城市形象建设是提升城市软实力和吸引力的重要手段。武威市可以采取以下措施来加强城市形象建设，提高城市的知名度和美誉度。

（1）城市美化与公共设施建设

①街道景观改造：通过优化街道绿化、增加艺术装饰和照明，提升街道的美观度和舒适度。

②公共设施完善：加强公共设施如公园、图书馆、博物馆等建设，提供更多的文化娱乐活动空间。

③市容环境整治：保持城市清洁，加强垃圾分类与处理，营造整洁有序的城市环境。

（2）城市品质提升

①文化活动举办：定期举办文化节、艺术展览等活动，展示武威市的文化底蕴和现代气息。

②城市规划与建筑设计：注重城市规划和建筑设计的美观性、实用性，使城市形象更加和谐统一。

③公共空间营造：打造多样化的公共空间，如市民广场、开放绿地等，增加市民的互动与交流。

（3）特色景观与地标建筑打造

①挖掘历史文化遗产：保护和利用历史文化资源，如古建筑、古遗址等，打造特色景观。

②地标建筑建设：设计具有标志性的地标建筑，如博物馆、艺术中心等，提升城市的辨识度。

③景观节点设计：在城市的重要节点如交通枢纽、商业中心等，设计具有特色的景观，展示城市形象。

（4）宣传推广与合作交流

①城市宣传片制作：制作高质量的城市宣传片，通过媒体平台进行推广，展

示城市的魅力。

②合作交流活动:与其他城市或地区开展合作交流活动,如文化节、旅游推介会等,扩大城市影响力。

③社交媒体营销:利用社交媒体平台进行内容营销,发布城市相关资讯,吸引更多游客和投资者。

通过以上措施的实施,武威市可以提升城市的品质和形象,增强城市的吸引力和竞争力。这将有助于吸引更多的人才、投资和企业入驻,促进城市的经济发展和社会进步。

5. 商贸物流

商贸物流是连接生产和消费的重要环节,也是推动地区经济发展的重要力量。武威市拥有优越的地理位置和交通条件,为发展商贸物流业提供了得天独厚的条件。以下是对武威市发展商贸物流的详细分析和建议。

(1)地理位置与交通优势

武威市位于交通枢纽地带,具有较好的陆路、铁路和航空运输条件。这为建设物流园区、完善物流网络提供了坚实的基础。通过加强交通基础设施建设,特别是高速公路、铁路和航空港的拓展,可以进一步增强武威的交通优势。

(2)物流园区建设

①选址与规划:选择合适的地点建设物流园区,考虑地理位置、交通条件和土地资源等因素,制定详细的规划,确保园区的功能布局合理、设施完善。

②基础设施建设:投入资金建设仓储设施、货运站场、配送中心等,确保园区的硬件设施达到先进水平。

③技术与信息化:引入先进的物流管理技术和信息化系统,实现物流信息的实时更新和处理,提高物流效率。

(3)物流网络完善

①多种交通方式联运:发挥武威市多种交通方式的优点,实现公路、铁路、航空等多种运输方式的顺畅衔接,降低运输成本,提高运输效率。

②配送体系:建立完善的城市配送体系,满足电商、零售等行业的配送需求,提升物流服务的时效性和准确性。

(4)商贸企业吸引与培育

①政策扶持:制定针对商贸企业的优惠政策,如税收减免、租金补贴等,降低企业运营成本。

②招商引资：通过举办招商推介会、参加国际展览等方式，吸引国内外商贸企业入驻武威的物流园区。

③企业服务：建立完善的企业服务体系，提供一站式服务，解决企业在运营中遇到的问题，提升企业的满意度和归属感。

（5）人才培养与引进

①本地人才培养：与当地高校合作，开设物流管理、商贸等相关专业，培养符合市场需求的高素质人才。

②外部人才引进：制定人才引进政策，吸引国内外优秀的物流和商贸人才到武威市发展。

通过上述措施的实施，武威市能够充分发挥其地理位置和交通优势，大力发展商贸物流业。这将有助于促进地区经济的繁荣和发展，提高武威市在全国乃至全球的知名度和竞争力。同时，商贸物流的发展也将为武威市创造更多的就业机会和经济效益。

总之，武威市可以利用其悠久的历史、文化及天马故乡的特色景观等资源优势，发展文化旅游、马产业、农业开发、城市形象建设和商贸物流等产业，为地区经济发展带来动力。同时，需要注重保护和传承历史文化资源，实现可持续发展。

5.3.5 清水县

清水县有丰富的历史文化遗迹，如西周时期的敦煌遗址和春秋时期的耤田遗址。清水县可以利用其丰富的历史文化遗迹，采取以下措施为地区经济发展带来动力。

1. 文化旅游开发

随着人们对精神文化需求的日益增长，文化旅游逐渐成为一种热门的旅游形式。清水县拥有丰富的历史文化资源，特别是西周时期的敦煌遗址和春秋时期的耤田遗址，这些都具有极高的历史和文化价值。下面是对如何将这些历史遗迹开发为文化旅游景点的详细分析和建议。

（1）历史遗迹的价值与特点

①敦煌遗址：作为西周时期的遗址，敦煌遗址具有很高的历史研究价值，可以提供大量关于西周时期社会、文化和建筑的信息。

②耤田遗址：作为春秋时期的遗址，耤田遗址展现了春秋时期的社会、经济

和军事状况,是研究春秋历史的宝贵资料。

（2）文化旅游景点的开发策略

①基础设施建设:建设博物馆和展览馆,用于展示这些历史遗迹的出土文物和相关历史资料,让游客能够更直观地了解这些遗迹的历史和文化背景。设立游客中心,提供导游服务、导览图、历史文化资料等,确保游客得到充分的导览和信息。

②历史文化体验活动设计:设计模拟考古活动,让游客亲身体验考古发掘的过程,增加游客的参与感和趣味性。定期举办历史文化讲座和相关表演活动,让游客更深入地了解这些历史遗迹背后的故事。

③环境整治与景观设计:对遗址周边环境进行整治,确保环境与遗址的历史背景相协调。同时,进行景观设计,营造出一种历史氛围,使游客能够更好地沉浸在历史之中。

④宣传与推广:通过各种媒体渠道进行宣传推广,提高清水县历史文化旅游的知名度。可以与旅行社合作,将清水县的文化旅游线路纳入更多的旅行套餐中。

⑤合作与交流:与其他历史文化遗址进行合作,共同举办活动或展览,增加清水县文化旅游的影响力和吸引力。同时,加强与学术界的合作,为研究和保护这些历史遗迹提供支持。

⑥教育培训与就业机会:为当地居民提供相关的教育培训,使他们能够参与到文化旅游的开发和管理中来,从而创造就业机会,促进当地经济的发展。

⑦可持续发展策略:确保文化旅游的开发与保护历史遗迹相结合,避免过度商业化或破坏性开发。制定长期发展规划,确保清水县的文化旅游能够持续、健康地发展。

通过上述策略的实施,清水县的历史遗迹不仅可以得到有效的保护和展示,而且可以转化为具有吸引力的文化旅游资源,为当地带来经济、社会和文化等多方面的利益。同时,这也将有助于提升公众对历史文化的认识和尊重,促进文化的传承和发展。

2.创意产业

创意产业,作为现代经济的重要组成部分,强调的是创新、创意和文化的结合。清水县拥有敦煌遗址和耤田遗址这两大历史文化资源,为创意产业的发展提供了丰富的素材和灵感。以下是对如何结合这些文化资源发展创意产业的详细分析和建议。

（1）文化资源的特点与价值

①敦煌遗址和耤田遗址：作为具有深厚历史底蕴的遗址，敦煌遗址和耤田遗址不仅仅是历史的见证，更是文化的载体。这些遗址所蕴含的历史、艺术、建筑等方面的信息，为创意产业提供了无尽的灵感。

②创意产业的发展潜力：借助这些文化资源，清水县可以吸引大量的艺术家、设计师、文化创意人才等，进一步推动当地创意产业的发展。

（2）创意产业的发展策略

①艺术创作与设计：邀请艺术家和设计师以敦煌遗址和耤田遗址为主题，进行创作，包括绘画、雕塑、摄影等多种艺术形式。基于这些历史遗迹的文化元素，设计一系列文创产品，如纪念品、服饰、家居用品等。

②创意产业展览与活动：举办关于敦煌遗址和耤田遗址的文化创意展览，展示艺术家的作品和设计师的文创产品。举办以历史文化为主题的创意设计比赛，吸引更多的创意人才参与，提高清水县的知名度。

③交流与合作：定期举办关于文化创意产业的论坛和研讨会，邀请业界专家、艺术家、设计师等进行交流，分享经验与见解。与其他地区的创意产业机构或企业合作，共同开发项目，实现资源共享和优势互补。

④教育培训与人才培养：为当地居民提供关于文化创意产业的短期课程和工作坊，培养他们的创意技能。与艺术、设计等相关高校合作，为学生提供实践机会，同时也为当地的创意产业注入新鲜血液。

⑤政策支持与资金投入：政府应出台相关政策，为创意产业的发展提供支持。同时，通过设立专项资金或吸引投资，为创意产业的发展提供必要的资金支持。

⑥市场营销与推广：制定有效的市场营销策略，利用现代媒体和社交平台进行宣传推广。这不仅可以帮助吸引更多的游客和创意人才，还能提高清水县的知名度。

⑦与旅游业结合：将文化创意产业与旅游业相结合，开发具有创意和文化内涵的旅游线路和活动，为游客提供独特的旅游体验。

⑧知识产权保护：加强知识产权保护意识，为创意成果提供法律保护，促进创意产业的健康发展。

通过上述策略的实施，清水县不仅能够充分挖掘和利用其丰富的历史文化资源,更能够将这些资源转化为具有市场价值的创意产品和服务。这将有助于推动当地经济的多元化发展,提升文化软实力,并为当地居民创造更多的就业机会和经济效益。

3.农业与文化结合

农业与文化,看似两个截然不同的领域,其实有着深厚的内在联系。在清水县,我们可以巧妙地将两者结合,推动农业与文化共同繁荣。以下是对这一策略的详细分析和建议。

(1)农业与文化的内在联系

①农业资源:清水县拥有丰富的农业资源,包括肥沃的土地、适宜的气候和多样的农作物。这些资源为农业与文化的结合提供了坚实的基础。

②文化特色:历史文化特色为农产品提供了独特的卖点。通过种植具有历史文化特色的农作物、制作传统的手工艺品等,可以增加农产品的附加值和市场竞争力。

(2)农业与文化结合的策略

①种植具有历史文化特色的农作物:恢复或种植与当地历史文化密切相关的传统农作物,如某些特色粮食、蔬菜或水果。根据市场需求,种植具有特殊文化背景的农作物,如用于特定节庆或仪式的特色农作物。

②制作传统手工艺品:鼓励当地手工艺人传承和发展传统技艺,制作与历史文化相关的手工艺品。结合现代审美和市场趋势,对手工艺品进行创新设计,使其更符合现代消费者的需求。

③打造农业文化体验:设立观光农场,让游客亲身体验农作物的种植、收获过程,感受农业文化的魅力。举办与农业、文化相关的节庆活动,如农产品展览、手工艺大赛等,吸引游客和消费者。

④线上线下营销:利用互联网平台进行产品线上推广和销售,扩大市场覆盖面。在重要旅游景点或城市中心设立线下体验店,让消费者亲身感受农业与文化的结合。

⑤教育与培训:开展农业知识普及活动,提高当地农民对农业与文化结合的认识和技能。为手工艺人提供培训机会,提升他们的技艺水平和创新能力。

⑥政策支持与合作:政府应出台相关政策,为农业与文化的结合提供支持。同时,鼓励企业、研究机构等多方合作,共同推动这一领域的创新与发展。

⑦持续创新:在保持传统特色的基础上,不断尝试新的农业与文化结合的

方式,以满足市场的变化和消费者的需求。

通过上述策略的实施,清水县不仅可以提高农产品的附加值和市场竞争力,还能促进农业与文化的共同发展,增强当地经济的多元性和可持续性。同时,也为消费者提供了更加丰富、有深度的农产品和文化体验,实现了经济、文化和社会的多方共赢。

4.影视产业

清水县丰富的历史文化遗迹可以为影视创作提供独特的场景和题材。影视产业在清水县的发展是一个具有潜力的方向,我们可以从多个角度深入分析其可能性和优势。

(1)丰富的历史文化遗迹

清水县丰富的历史文化遗迹为影视创作提供了独特的场景和题材。这些遗迹不仅具有深厚的历史底蕴,而且拥有独特的建筑风格和自然景观,为历史题材的影视作品提供了真实、生动的拍摄场景。这样的场景能够给观众带来强烈的沉浸感,使他们对历史有更深入的了解和认识。

(2)吸引影视制作公司

利用清水县的历史文化资源,可以吸引大量的影视制作公司前来拍摄。随着中国影视市场的不断扩大,越来越多的制作公司寻求具有特色和差异化的题材和场景。清水县正好提供了一个理想的平台,既能够满足制作公司对于历史题材的需求,同时也能为其节省大量场景搭建的成本和时间。

(3)提升清水县知名度与影响力

通过影视作品的传播,清水县的知名度和影响力将得到显著提高。一部成功的影视作品往往能够吸引大量的观众,而这些观众在欣赏作品的同时,也会对作品的拍摄地产生浓厚的兴趣。因此,影视作品可以成为清水县宣传和推广的重要工具,带动当地的旅游业和其他相关产业的发展。

(4)多方支持

要实现影视产业在清水县的发展,还需要政府、企业和影视制作公司等多方的合作和支持。政府需要出台相关政策,为影视制作提供便利和支持;企业可以投资影视项目,促进产业的发展;而影视制作公司则可以通过深入挖掘清水县的历史文化资源,创作出更多优秀的影视作品。

综上所述,影视产业在清水县的发展具有很大的潜力和优势。通过充分利用当地的历史文化资源,吸引影视制作公司前来拍摄,以及通过影视作品的传播提高知名度和影响力,清水县有望在影视产业方面取得显著的成绩。

5.教育与培训

敦煌遗址和糒田遗址等宝贵的历史文化资源,不仅具有深厚的历史底蕴,而且对于教育和培训活动具有极高的价值。

(1)与学校和教育机构合作

与当地学校和教育机构合作,开展历史文化课程和夏令营等活动,是一个非常有前景的合作方向。通过与学校的合作,可以将这些历史文化资源融入课程中,让学生在实地考察和学习中深入了解历史,提高他们的文化素养和历史认识。夏令营活动则可以为学生提供一个更加丰富和有趣的体验,吸引他们和家长参与,进一步增加清水县的历史文化教育和培训活动的参与度和影响力。

(2)举办历史文化讲座和研讨会

举办历史文化讲座和研讨会等活动,是提高公众对历史文化的认识和兴趣的重要手段。这些活动可以邀请历史学家、文化专家等嘉宾进行分享和交流,通过他们的专业知识和见解,让公众更加深入地了解历史文化的内涵和价值。此外,研讨会等活动还可以为历史和文化爱好者提供一个交流和学习的平台,促进他们之间的互动和共同成长。

(3)推动文化产业发展,增强文化软实力

通过与学校和教育机构的合作、历史文化讲座和研讨会的举办,不仅可以提高公众对清水县历史文化的认识和兴趣,同时还可以进一步挖掘和利用敦煌遗址和糒田遗址等历史文化资源的价值。这将有助于推动当地的文化产业发展,增强清水县的文化软实力。

(4)实现教育与培训活动成功开展的关键点

要实现教育与培训活动的成功开展,还需要注意几个关键点。首先,合作方需要充分了解和挖掘历史文化资源的特色和价值,确保活动内容的质量和吸引力。其次,活动策划需要注重参与者的体验和反馈,不断改进和完善活动内容和形式。最后,政府和社会各界需要给予支持和关注,共同推动历史文化教育和培训活动的可持续发展。

利用敦煌遗址和糒田遗址等历史文化资源开展教育与培训活动,对于清水县的文化产业发展具有重要意义。通过与学校和教育机构的合作、历史文化讲座和研讨会的举办等途径,清水县可以进一步提高公众对历史文化的认识和兴趣,同时挖掘和利用历史文化资源的价值,推动当地文化产业的发展。

综上所述,清水县可以利用其丰富的历史文化遗迹,通过文化旅游开发、创意产业、农业与文化结合、影视产业以及教育与培训等措施,为地区经济发展带来动力。同时,应注重保护和传承历史文化遗产,确保可持续发展。

5.3.6　甘南藏族自治州

甘南藏族自治州有着浓郁的藏族文化和风光,如拉卜楞寺和桑科草原等。甘南藏族自治州可以利用其独特的藏族文化和风光,采取以下措施为地区经济发展带来动力。

1. 旅游业开发

甘南藏族自治州,位于中国甘肃省,拥有丰富的自然和人文景观。其中,拉卜楞寺和桑科草原是其代表性景点,为大力发展旅游业提供了得天独厚的条件。以下是对甘南藏族自治州旅游业开发策略的详细分析和建议。

(1)甘南藏族自治州的旅游资源优势

①拉卜楞寺:作为藏传佛教格鲁派的六大寺院之一,拉卜楞寺具有深厚的历史文化底蕴,是世界文化遗产。

②桑科草原:桑科草原是中国最大的草原之一,其壮丽的自然风光和丰富的生物多样性为游客提供了一个亲近大自然的好去处。

(2)旅游业开发策略

①基础设施完善:加强与周边城市的交通连接,如公路、铁路和航空,为游客提供便利的进出通道。在主要旅游区增设高品质的酒店、民宿和餐馆,满足不同游客的需求。

②服务质量提升:加强对旅游从业人员的培训,提高其专业素养和服务水平。制定并实施旅游服务的标准和规范,确保游客的满意度。

③藏族特色品牌打造:强调藏族文化的传承与保护,在旅游活动中充分展示藏族的风俗、艺术和传统。开发具有藏族特色的旅游纪念品和商品,如藏族工艺品、传统服饰和特色食品。

④旅游产品创新:设立民俗体验区,让游客参与藏族的传统节日和活动,如藏历新年、晒佛节等。组织藏族歌舞表演、传统工艺展示等活动,让游客深入感受藏族的艺术魅力。

⑤环境保护与可持续发展:在开发旅游业的同时,重视对自然环境和生态的保护,确保旅游活动与生态环境的和谐共生。鼓励当地社区参与旅游业的发

展,为其创造经济收益,实现旅游业的可持续发展。

⑥营销与宣传:利用互联网、社交媒体和其他平台进行广泛宣传,提高甘南藏族自治州的知名度。与国内外知名旅游机构和媒体合作,共同推广甘南藏族自治州的旅游资源。

⑦政策支持与监管:政府应出台相关政策,为旅游业的发展提供必要的支持和监管。同时,鼓励企业、个人等多方参与投资,共同推动甘南藏族自治州旅游业的繁荣。

⑧持续改进与创新:在发展过程中不断总结经验,根据市场需求的变化调整策略,确保甘南藏族自治州的旅游业始终保持活力和竞争力。

通过上述策略的实施,甘南藏族自治州将能够充分利用其独特的自然和人文资源,推动旅游业的快速发展。这不仅可以为当地带来经济收益和就业机会,还有助于传承和弘扬藏族文化,加国家内外对甘南藏族自治州的认知与了解。

2. 文化创意产业

甘南藏族自治州拥有丰富的藏族文化资源,这些资源为文化创意产业的发展提供了广阔的空间。文化创意产业是指以创意为核心,借助现代科技手段,将文化资源转化为具有高附加值的产品的产业。下面将详细分析如何借助甘南藏族自治州的藏族文化资源发展文化创意产业。

(1)创意人才引进与培养

①邀请艺术家和设计师:邀请具有藏族文化背景的艺术家和设计师,或者对藏族文化有深入研究的创意人才,来甘南进行创作和设计工作。

②创意人才培养:与当地高校和艺术机构合作,培养本土的藏族文化创意人才,确保创意产业的持续发展。

(2)藏族文化主题的创意作品

①艺术创作:鼓励艺术家以藏族文化为题材,创作绘画、雕塑、摄影等艺术作品,展示藏族文化的独特魅力。

②设计工作:设计领域可以涉及服装、家居、包装等多个方面,将藏族元素与现代设计理念相结合,打造具有特色的设计产品。

(3)藏族文化创意产业展览

①定期展览:定期举办藏族文化创意产业展览,展示最新的艺术创作和设计成果,吸引更多的关注和投资。

②国际交流:将展览推向国际舞台,与其他国家和地区的艺术家和设计师进行交流,提升甘南藏族自治州的文化影响力。

(4)创意设计比赛

①激发创新:举办以藏族文化为主题的创意设计比赛,鼓励更多的创意人才参与,挖掘更多有潜力的作品。

②推广优秀作品:对比赛中涌现出的优秀作品进行推广和产业化,实现创意的价值。

(5)吸引创意人才和企业

①优化投资环境:通过政策扶持和基础设施建设,优化投资环境,吸引更多的创意人才和企业来甘南藏族自治州投资。

②搭建合作平台:建立文化创意产业园区或者平台,为创意人才和企业提供交流合作的场所,促进产业的集聚发展。

(6)加强与旅游业的结合

①创意产品开发:开发与藏族文化相关的创意旅游商品,如藏族风格的工艺品、纪念品等,丰富旅游产品线。

②互动体验活动:在景区设置互动体验项目,让游客参与藏族文化的展示和体验,增加旅游的趣味性和参与性。

通过上述策略的实施,甘南藏族自治州的文化创意产业将得到快速发展,不仅能为当地创造经济收益,还能进一步弘扬和传承藏族文化,提升甘南藏族自治州的国际知名度。同时,这一产业的发展也将带动相关产业的协同发展,为甘南藏族自治州的经济社会全面发展注入新的活力。

3. 农业与文化结合

甘南藏族自治州拥有丰富的农业资源和独特的藏族文化。将这两者结合,不仅可以提高农产品的附加值和市场竞争力,还可以促进农业的可持续发展和藏族文化的传承。

(1)藏族特色农作物种植

①选择特色品种:基于藏族的传统农业知识和当地的气候条件,选择适合种植且具有藏族特色的农作物品种,如某些高原特产的蔬菜、水果等。

②生态种植:采用生态、有机的种植方式,确保农产品的品质和安全性,并与藏族文化中的自然崇拜相契合。

(2)传统手工艺品的制作与开发

①发掘传统工艺:深入挖掘藏族的传统手工艺,如手工编织、刺绣、陶艺等,了解其工艺流程和特色。

②创新设计与开发:结合现代审美和市场趋势,对手工艺品进行创新设计和开发,使其更符合现代消费者的需求。

③与农业相结合:将手工艺品的制作与农作物资源相结合,如使用当地的天然染料为手工编织品上色,或使用农作物废弃物作为手工艺品的原材料。

(3)农业与文化旅游的结合

①设立农业体验区:在景区或乡村旅游点设立农业体验区,让游客亲自参与农作物的种植、收获等过程,了解藏族的传统农业文化。

②举办农业文化节:定期举办农业文化节,展示藏族特色的农产品和手工艺品,吸引游客和消费者。

(4)线上线下营销与推广

①建立品牌:为藏族特色农产品和手工艺品建立品牌,进行统一的市场营销和推广。

②线上线下销售:利用电商平台和社交媒体进行线上销售,同时在旅游景区和特色农贸市场设立线下销售点。

③合作与联盟:与其他地区的农业和文化产业合作,形成产业联盟,共同开拓市场。

(5)教育与培训

①培训农民:为当地的农民提供种植技术和手工艺制作技能的培训,提高他们的生产效率和市场竞争力。

②文化传承:在培训和教育过程中,注重藏族文化的传承,使年轻一代了解和珍视家乡的文化遗产。

通过上述策略的实施,甘南藏族自治州的农业与藏族文化将得到有机结合,形成具有地方特色的农业和文化产业。这不仅可以提高当地农民的收入和生活水平,还能促进农业的可持续发展和藏族文化的传承与弘扬。同时,这一策略也将为甘南的经济社会发展注入新的活力。

4.影视产业

甘南藏族自治州拥有丰富多彩的藏族文化和壮丽的自然风光,这些独特的元素为影视产业提供了宝贵的创作素材。通过吸引影视制作公司来此地拍摄藏族题材的电影、电视剧等作品,不仅可以提升甘南藏族自治州的知名度和影响力,还能进一步传承和弘扬藏族文化。

(1)独特的场景和题材

①自然景观:甘南藏族自治州的自然景观多样,从广袤的草原到巍峨的雪山,从清澈的湖泊到幽深的峡谷,为电影和电视剧的拍摄提供了壮丽的背景。

②藏族建筑与风貌:传统的藏族建筑、服饰和生活方式为影视作品提供了原生态的场景和视觉冲击。

③藏族传统与文化:丰富的藏族历史、宗教、音乐和艺术为影视作品提供了深厚的文化内涵和故事背景。

(2)吸引影视制作公司

①优惠政策:为吸引影视制作公司,甘南藏族自治州可以提供一系列优惠政策,如税收减免、场地租赁优惠等。

②专业服务:建立专业的影视拍摄服务团队,提供从前期筹备到后期制作的全程服务,确保拍摄顺利进行。

③合作与推广:与其他地区的影视产业合作,共同推广甘南藏族自治州作为影视拍摄基地,提高其知名度和吸引力。

(3)提升知名度和影响力

①宣传与推广:利用影视作品作为媒介,宣传甘南藏族自治州的美丽风光和独特文化,提高其在国内外的影响力。

②文化交流:通过影视作品,让更多人了解和认识甘南藏族自治州的藏族文化,促进文化交流与传播。

③旅游带动:影视作品的热播往往能带动拍摄地的旅游业发展,吸引更多游客前来甘南藏族自治州观光旅游。

(4)经济效益与社会效益

①经济增长:影视产业的发展将带动甘南藏族自治州的经济增长,为当地居民创造就业机会和收入来源。

②社会效益:影视作品有助于增进国内外对甘南藏族自治州的了解和认识,加强民族团结和社会和谐。

综上所述,甘南藏族自治州的丰富文化和壮丽风光为影视产业提供了得天独厚的条件。通过合理的策略和措施,吸引影视制作公司前来拍摄,不仅可以提升甘南藏族自治州的知名度和影响力,还将为其带来经济效益和社会效益的双重收获。

5. 教育与培训

甘南藏族自治州拥有独特的藏族文化和自然风光资源,这些资源不仅为影视产业提供了丰富的素材,还可以用于教育和培训活动。通过与当地学校和教育机构合作,可以开展一系列具有藏族特色的课程和活动,吸引学生和家长前来学习和体验。

(1)藏族文化课程与夏令营

①文化课程:与当地学校合作,开发藏族文化课程,让学生了解藏族的历史、语言、艺术、音乐等方面的知识。

②夏令营活动:组织夏令营活动,让学生在亲身体验中感受藏族文化,例如学习制作藏族工艺品、学习藏族歌舞等。

(2)藏族文化讲座与研讨会

①讲座:定期举办藏族文化讲座,邀请专家学者为公众讲解藏族文化的独特魅力和价值。

②研讨会:与其他地区的教育机构合作,举办藏族文化研讨会,共同探讨藏族文化的传承与创新。

(3)吸引学生和家长

①体验式学习:通过实践活动和文化体验,让学生和家长更加深入地了解藏族文化,提高学习的趣味性和实效性。

②优惠政策:为吸引更多的学生和家长,可以提供一定的优惠政策,如学费减免、住宿优惠等。

(4)提高公众认识与兴趣

①传播知识:通过教育和培训活动,向公众传播藏族文化的知识和价值,提高他们对藏族文化的认识和理解。

②培养兴趣:通过各种活动和课程,激发公众对藏族文化的兴趣,促进他们主动学习和探索藏族文化。

(5)经济效益与社会效益

①经济效益:教育和培训活动的开展将带动甘南藏族自治州的旅游业发展,为当地创造经济收入。同时,通过合作办学等方式,也可以为当地教育机构带来一定的经济收益。

②社会效益:教育和培训活动有助于增进民族团结和社会和谐,促进不同

文化之间的交流与理解。同时,通过教育和培训,也可以培养更多的人才,为藏族文化的传承和发展做出贡献。

甘南藏族自治州的藏族文化和风光资源具有很高的教育和培训价值。通过与当地学校和教育机构合作,开展具有特色的课程和活动,可以吸引更多的学生和家长前来学习和体验。同时,举办讲座和研讨会等活动也有助于提高公众对藏族文化的认识和兴趣。这些措施将为甘南带来经济效益和社会效益的双重收获。

综上所述,甘南藏族自治州可以利用其独特的藏族文化和风光资源,通过旅游业开发、文化创意产业、农业与文化结合、影视产业以及教育与培训等措施,为地区经济发展带来动力。同时,应注重保护和传承藏族文化遗产,实现可持续发展。

5.3.7 阿克塞哈萨克族自治县

阿克塞哈萨克族自治县位于甘肃河西走廊西陲,青藏高原北缘。拥有可以利用其独特的哈萨克族文化和自然风光,可以采取以下措施为地区经济发展带来动力。

1. 旅游业发展

阿克塞哈萨克族自治县拥有独特的哈萨克族文化和自然风光资源,这些资源为该县的旅游业发展提供了得天独厚的条件。为了更好地发挥这些资源的优势,需要采取一系列措施来促进旅游业的发展。

(1)完善旅游基础设施

①交通设施:加强交通基础设施建设,提高通往景区的道路质量和通达性,方便游客进出。

②住宿设施:建设具有哈萨克族特色的住宿设施,如毡房、木屋等,为游客提供更好的住宿体验。

③餐饮设施:开发哈萨克族特色美食供游客品尝,同时建设相应的餐饮设施。

(2)提高旅游服务质量

①人员培训:对旅游从业人员进行培训,提高他们的服务意识和专业水平。

②服务标准:制定并执行旅游服务标准,确保游客能够获得优质的服务。

③游客体验:关注游客的反馈和需求,持续改进旅游服务,提高游客的满

意度。

（3）打造具有哈萨克族特色的旅游品牌

①文化展示：在景区内设置哈萨克族文化展示区，向游客展示哈萨克族的传统文化和生活方式。

②民俗活动：组织哈萨克族民俗活动，如赛马、摔跤、歌舞表演等，让游客参与其中，深入了解哈萨克族文化。

③特色商品：开发与哈萨克族文化相关的特色商品，如传统手工艺品、民族服饰等，满足游客的购物需求。

（4）开发与哈萨克族文化相关的旅游产品

①民俗体验：提供哈萨克族民俗体验项目，如制作马鞍、织毛衣等传统手工艺品制作等，让游客亲身体验哈萨克族的传统技艺。

②主题线路：设计哈萨克族文化主题线路，将相关的景点和活动串联起来，方便游客进行深度体验。

（5）利用当地的自然风光资源开展户外活动

①户外探险：利用阿克塞哈萨克族自治县的自然风光资源，开展徒步、攀岩等户外探险活动，吸引喜欢挑战的游客。

②骑马体验：提供骑马游览服务，让游客在草原上驰骋，欣赏美丽的自然风光。

③摄影胜地：阿克塞哈萨克族自治县的自然风光极具摄影价值，可以吸引摄影爱好者前来创作。

（6）营销与宣传

①网络营销：利用互联网平台进行宣传和推广，提高阿克塞哈萨克族自治县的知名度。

②活动营销：通过举办旅游文化节、民俗活动等吸引媒体和游客的关注。

③合作营销：与其他旅游目的地或相关机构进行合作，共同推广和开发旅游资源。

综上所述，阿克塞哈萨克族自治县拥有丰富的哈萨克族文化和自然风光资源，为旅游业的发展提供了得天独厚的条件。通过完善旅游基础设施、提高旅游服务质量、打造特色品牌、开发相关产品以及利用自然风光资源开展户外活动等方式，可以吸引更多的游客前来体验和游览。同时，合理的营销和宣传策略也是促进旅游业发展的重要手段。

2. 文化节庆活动

阿克塞哈萨克族自治县作为一个拥有丰富哈萨克族文化的地区,举办具有特色的文化节庆活动是推广和保护这一文化的重要方式。这些活动不仅能吸引游客和媒体的关注,提高该县的知名度和影响力,还能为地区经济发展提供动力。

(1)文化节庆活动的策划与组织

①传统歌舞表演:组织哈萨克族的传统歌舞表演,展示哈萨克族的独特艺术魅力,包括民族歌曲、舞蹈、乐器演奏等。

②民俗文化展览:通过展览展示哈萨克族的服饰、工艺品、生活用品等,让游客更深入地了解哈萨克族的文化和生活方式。

③传统节日庆典:结合哈萨克族的传统节日,如纳吾热孜节等,举办盛大的庆典活动,包括民俗活动、特色美食节等。

(2)文化节庆活动的意义与影响

①提高知名度和影响力:通过媒体的报道和游客的口碑传播,阿克塞哈萨克族自治县的知名度将得到显著提升。这将吸引更多的游客前来体验和探索该地区的文化。

②促进地区经济发展:文化节庆活动将吸引大量游客,带动当地餐饮、住宿、交通等相关产业的发展。同时,借助这些活动平台,可以开展招商引资、经贸洽谈等活动,进一步促进地区经济的繁荣。

③增强文化认同与保护:通过举办文化节庆活动,哈萨克族文化的传承和保护将得到加强。这不仅有助于当地居民更好地认识和传承家乡的文化,也有助于外界了解和尊重这一文化。

④促进跨文化交流:这些活动为不同文化背景的人们提供了一个交流的平台。游客可以与当地居民互动,了解彼此的文化和生活方式,从而增进相互理解和尊重。

⑤创造就业机会:文化节庆活动的策划、组织和执行需要一定的人力资源。这将为当地居民提供临时或长期的就业机会,帮助他们增加收入来源。

⑥提升旅游体验:通过举办具有哈萨克族特色的文化节庆活动,阿克塞哈萨克族自治县的旅游体验将得到丰富和提升。游客不仅能欣赏自然风光,还能深入了解当地的文化和风俗,使旅游更具意义和吸引力。

⑦增强社区凝聚力:举办文化节庆活动有助于增强当地社区的凝聚力。在

准备和执行活动的过程中,社区成员会更加团结,共同为展示本地区的文化而努力。

⑧推动相关产业发展:随着游客数量的增加,与旅游相关的产业如餐饮、住宿、交通等也将得到发展。这将进一步促进阿克塞哈萨克族自治县的经济增长。

(3)策划与实施的建议

①充分调研:在策划活动之前,应进行市场调研,了解游客的需求和兴趣,以确保活动的针对性和吸引力。

②资源整合:充分利用当地的资源,与政府、企业、社区等各方合作,共同策划和组织活动。

③宣传推广:制定有效的宣传策略,利用各种媒体渠道进行推广,提高活动的知名度和影响力。

④注重可持续性:在策划活动时,应考虑其可持续性,确保活动不仅在短期内产生影响,还能长期发展并持续吸引游客。

⑤反馈与改进:及时收集游客和参与者的反馈意见,不断改进和优化活动内容和形式。

通过以上分析和建议可以看出,阿克塞哈萨克族自治县举办具有哈萨克族特色的文化节庆活动具有重要意义和广阔前景。这将为该县的文化传承、经济发展和社会进步注入新的活力。

3.农业与文化结合

农业与文化结合是一种富有创意和潜力的宣传方式,阿克塞哈萨克族自治县在这方面具有得天独厚的优势。结合当地的农业资源和哈萨克族文化,不仅可以提高农产品的附加值和市场竞争力,还能为农业发展注入新的活力,同时为旅游业开辟新的领域。

(1)农业与文化的结合

①特色农作物种植:阿克塞哈萨克族自治县可以种植具有哈萨克族特色的农作物,如某些稀有的谷物、草药等。这些作物不仅具有较高的经济价值,还是哈萨克族文化的重要组成部分。

②手工艺品制作:利用传统工艺制作哈萨克族的手工艺品,如马鞍、马鞭、刺绣等。这些工艺品可作为特色纪念品,满足游客的购买需求,同时为当地居民创造就业机会。

③农业与旅游业的结合:借助哈萨克族的传统文化和风俗习惯,开发农业观光和民俗体验项目。例如,游客可以参观传统的哈萨克族村落,参与农耕、畜牧等生产活动,深入了解哈萨克族的生活方式。

④文化节庆活动:在农产品收获季节或其他重要的传统节日,举办与农业和文化相关的节庆活动。这些活动可以展示当地农产品的特色,同时通过文艺表演、手工艺品展示等方式,让游客更深入地了解哈萨克族文化。

⑤教育与培训:开展农业技术培训和哈萨克族文化传承活动,提高当地居民的农业技能和文化素养。这将有助于培养一批懂技术、会管理的新型农民,同时促进文化的传承和发展。

(2)实施策略与建议

①政策支持:政府应出台相关政策,鼓励和支持农业与文化的结合,为当地居民提供政策保障和资金支持。

②市场调研:在实施相关策略之前进行充分的市场调研,了解市场需求和竞争状况,制定针对性的发展策略。

③品牌建设:注重品牌建设,通过注册商标、包装设计等方式,提升农产品和手工艺品的知名度。

④合作与交流:与其他地区或国家开展合作与交流,引进先进的农业技术和文化创意,提高本地产品的质量和竞争力。

⑤人才培养:重视人才培养,通过培训和教育提高当地居民的技能水平和管理能力。同时吸引外部人才加入,为农业与文化的结合注入新的活力。

⑥可持续发展:在发展的过程中要注重生态环境的保护,实现农业和文化的可持续发展。合理利用资源,避免过度开发,确保未来的发展空间。

⑦宣传推广:加大宣传力度,通过各种媒体渠道宣传当地的农产品和文化活动,提高知名度。与旅游部门、电商平台等合作,拓展销售渠道,扩大市场份额。

⑧社区参与:鼓励当地社区居民积极参与农业与文化的结合项目,发挥他们的创造力和积极性。建立有效的利益共享机制,让居民从中获益,增强他们的发展动力。

通过以上策略和建议的实施,阿克塞哈萨克族自治县将能够更好地使农业与文化相结合,实现农业的多元化发展,丰富文化旅游的内涵,促进地区经济的繁荣和社会进步。

4.影视产业

阿克塞哈萨克族自治县拥有独特的哈萨克族文化和得天独厚的自然风光，为影视产业提供了丰富的创作资源和场景。

（1）资源优势

①文化底蕴：阿克塞哈萨克族自治县的哈萨克族文化源远流长，为影视创作提供了独特的故事背景和人物素材。从传统的民族服饰、建筑风格到风俗习惯、音乐舞蹈，都是不可多得的影视元素。

②自然景观：该地区拥有壮丽的自然风光，从广袤的草原到巍峨的山脉，从清澈的湖泊到潺潺的河流，为电影和电视剧的拍摄提供了丰富的外景地选择。

（2）发展策略

①定向招商引资：通过定向招商引资，吸引国内外知名的影视制作公司前来阿克塞哈萨克族自治县拍摄作品。制定优惠政策，如提供拍摄场地、税收减免等，鼓励更多的影视企业入驻。

②合作与交流：与其他影视产业发达的地区建立合作关系，共同投资、拍摄作品，实现资源共享。同时，加强与国内外影视机构的交流，引进先进的制作技术和创作理念。

③产业链发展：除了影视拍摄本身，还要注重相关产业链的发展。例如，可以培育和发展道具制作、服装设计、化妆、租赁等配套服务，形成完整的产业链条。

④培训与教育：开展与影视相关的培训和教育活动，提高当地居民的影视制作技能和服务水平。这样可以为影视产业的发展提供充足的人力资源。

⑤宣传与推广：利用互联网和传统媒体进行广泛宣传，提高阿克塞哈萨克族自治县在影视界的知名度。可以借助影视作品的上映、获奖等机会，进行营销和品牌推广。

⑥可持续发展：在发展影视产业的同时，注重生态环境的保护和文化传承。确保在拍摄过程中不破坏当地自然景观和文化遗产，实现经济与文化的可持续发展。

⑦政策支持与监管：政府应出台相关政策，为影视产业发展提供政策支持和监管保障。例如，简化审批流程、规范市场秩序、加强版权保护等。

⑧社区参与：鼓励当地社区居民参与影视产业的发展，提供群众演员、场地支持等服务。这样可以增加当地居民的收入来源，提高他们的生活水平。

通过上述策略的实施,阿克塞哈萨克族自治县将充分发挥其独特的文化和自然优势,推动影视产业的快速发展。这不仅有助于提高自治县的知名度和影响力,还能带动相关产业链的发展,为当地经济注入新的活力。

5. 教育与培训

阿克塞哈萨克族自治县的哈萨克族文化和自然风光资源在教育领域具有巨大的潜力,可以开展哈萨克族文化和自然风光教育和培训活动。以下是对如何利用这些资源进行教育和培训活动的详细分析。

(1)哈萨克族文化课程

阿克塞哈萨克族自治县可以与当地学校和教育机构合作,开发哈萨克族文化课程。这些课程可以涵盖哈萨克族的历史、传统、语言、艺术等多个方面,帮助学生深入了解这一独特的民族文化。通过实地考察、文化体验等活动,学生可以亲身体验哈萨克族的生活方式和文化魅力,增强对多元文化的理解和尊重。

(2)夏令营和研学旅行

夏令营和研学旅行是让学生亲身感受哈萨克族文化的另一种有效方式。通过组织学生参加为期数天的夏令营或研学旅行,让他们在哈萨克族聚居地区体验生活,学习民族歌舞、传统手工艺等技能,加深对哈萨克族文化的了解和认同。同时,这类活动也可以促进不同民族之间的交流与融合,培养学生的跨文化沟通能力。

(3)文化讲座和研讨会

除了针对学生的教育和培训,阿克塞哈萨克族自治县还可以举办面向公众的哈萨克族文化讲座和研讨会。这些活动可以邀请专家学者、民间艺人等分享关于哈萨克族的历史、艺术、风俗等方面的知识,提高公众对哈萨克族文化的认识和兴趣。通过与专家学者的交流和讨论,公众可以深入了解哈萨克族文化的内涵和价值,进一步增强文化自信和民族认同感。

(4)教学资源开发

为了更好地推广哈萨克族文化,阿克塞哈萨克族自治县可以投入资源开发相关的教学材料和课件。例如,可以制作哈萨克族文化的教学视频、图片资料、互动游戏等,供学校和教育机构使用。这些教学资源不仅能够丰富教学手段,提高教学质量,还能激发学生对哈萨克族文化的兴趣和好奇心。

（5）师资培训与交流

为了确保哈萨克族文化教育的质量和效果,阿克塞哈萨克族自治县还可以开展师资培训与交流活动。邀请有经验的教师、文化传承人等为当地教师提供培训,分享教学方法和经验。同时,鼓励教师之间进行交流与合作,共同提升教学水平。通过师资培训与交流,培养一支具备专业素养的哈萨克族文化教育师资队伍,为未来的教育发展奠定坚实基础。

利用阿克塞哈萨克族自治县的哈萨克族文化和自然风光资源开展教育和培训活动具有重要意义。不仅可以促进学生对多元文化的了解和认同,提高公众对哈萨克族文化的认知水平,还能培养一批具备专业素养的教育人才,为当地教育事业的繁荣发展注入新的活力。通过这些教育和培训活动的实施,阿克塞哈萨克族自治县将进一步发挥其在传承和发展民族文化方面的独特作用,为促进民族团结和社会和谐做出积极贡献。

综上所述,阿克塞哈萨克族自治县可以利用其独特的哈萨克族文化和自然风光资源,通过旅游业发展、文化节庆活动、农业与文化结合、影视产业以及教育与培训等措施,为地区经济发展带来动力。同时,应注重保护和传承哈萨克族文化遗产,实现可持续发展。

5.3.8　疏勒县

疏勒县是古代丝绸之路上的重要驿站之一,也是喀什地区的一个农业大县。疏勒县可以利用其作为古代丝绸之路重要驿站的历史文化和丰富的农业资源,采取以下措施为地区经济发展带来动力。

1. 文化旅游开发

疏勒县作为古代丝绸之路的重要驿站,拥有丰富的历史文化遗产,为文化旅游开发提供了得天独厚的条件。以下是对如何挖掘和利用这些资源,开发具有特色的文化旅游线路和景点的详细分析。

（1）遗址和历史建筑的保护与修复

疏勒县拥有许多古代丝绸之路的遗址和历史建筑,这些是展示该地区历史文化的重要载体。为了使这些遗址和建筑得到更好的保护和利用,需要进行必要的修复和维护工作。通过专业的考古和文物保护机构进行评估和修复,确保这些历史遗迹能够长久保存下去。

（2）博物馆和展览馆的建设

为了更好地展示古代丝绸之路的历史和文化，疏勒县可以建设博物馆和展览馆。这些场馆可以作为展示古代丝绸之路文物、历史图片和资料的平台，向游客展示该地区丰富的历史文化内涵。同时，可以通过数字化技术、互动展示等方式，提高游客的参观体验和学习效果。

（3）传统手工艺品制作和民俗文化表演

开发与历史文化相关的旅游产品是提高旅游吸引力的重要手段。疏勒县可以挖掘当地传统手工艺资源，组织手工艺品制作体验活动，让游客参与其中，亲身体验传统文化的魅力。此外，可以邀请民间艺人进行民俗文化表演，如传统舞蹈、音乐等，为游客呈现丰富多彩的民族艺术。

（4）文化旅游线路和景点的规划

为了满足不同游客的需求，疏勒县可以规划多条文化旅游线路，将各个景点串联起来。例如，可以设计一条以古代丝绸之路为主题的线路，让游客沿着古道游览各个历史遗址、博物馆等。此外，可以根据当地特色，打造独具魅力的文化景点，吸引更多游客前来游览。

（5）合作与宣传推广

为了更好地推广疏勒县的文化旅游资源，需要与相关部门、旅行社、媒体等合作，共同推广文化旅游线路和景点。通过举办文化节庆活动、旅游推介会等形式，提高疏勒县的知名度和美誉度。同时，可以利用互联网、社交媒体等渠道进行宣传推广，吸引更多游客前来体验文化旅游的魅力。

总之，疏勒县作为古代丝绸之路的重要驿站，具有丰富的历史文化遗产和文化旅游资源。通过合理的开发利用和宣传推广，可以打造独具特色的文化旅游品牌，吸引更多游客前来游览体验。同时，文化旅游的发展也将带动当地经济的发展，增加就业机会，促进社会和谐与繁荣。

2. 农业品牌建设

在疏勒县这个农业资源丰富的地区，农业品牌建设对于提高农产品市场知名度和竞争力至关重要。以下是对如何加强农业品牌建设，以及如何利用农业资源发展乡村旅游项目的详细分析。

（1）培育和推广具有地方特色的农产品

疏勒县拥有丰富的农业资源和独特的地理环境，可以培育和推广具有地方特色的农产品。例如，瓜果、蔬菜、畜牧产品等，这些产品可以借助其独特的风味和品质,在市场上树立良好的口碑。为了提高农产品的市场地位,需要加强质量认证和品牌宣传。通过建立严格的质量管理体系,确保农产品质量安全可靠;同时,加大品牌宣传力度,提高消费者对疏勒县农产品的认知度和信任度。

(2)质量认证和品牌宣传

为了赢得消费者的信任和认可,疏勒县的农产品应该通过相关的质量认证。这不仅可以证明产品的质量,还可以提高消费者对产品的信任度。通过多种渠道进行品牌宣传,如参加农产品展销会、组织主题活动等,可以增加农产品的知名度和美誉度。此外,利用互联网和社交媒体进行线上宣传也是一种有效的手段。

(3)发展农业观光和乡村旅游项目

借助农业资源,疏勒县可以发展农业观光和乡村旅游项目。游客可以参观现代化的农场、果园和牧场,了解农产品的种植和养殖过程;同时,可以体验采摘、垂钓等乡村活动,感受乡村生活的乐趣。这些项目不仅可以增加农产品的附加值,还可以带动当地旅游业的发展,促进农业与旅游业的融合发展。

(4)农业与旅游业的融合发展

农业与旅游业的融合发展是当前农村经济发展的重要趋势。通过将农业资源与旅游资源有机结合,可以实现产业间的优势互补和互利共赢。疏勒县可以借助其丰富的农业资源和优美的自然风光,打造独具特色的乡村旅游项目,吸引更多游客前来游览体验。同时,旅游业的发展也将为农产品提供更广阔的市场空间,促进农业产业的升级和发展。

(5)加强合作与政策支持

为了更好地推进农业品牌建设和乡村旅游项目的发展,需要政府、企业和社会各界的共同努力。政府可以出台相关政策,提供资金支持,鼓励农业企业和农民积极参与品牌建设和旅游项目开发;同时,可以加强与相关产业和部门的合作,形成合力,共同推进农业和旅游业的发展。此外,加强人才培养和引进也是关键,可以为农业品牌建设和乡村旅游项目提供必要的人才保障。

总之,疏勒县作为农业大县,加强农业品牌建设和乡村旅游项目的发展具有重要的战略意义。通过培育和推广特色农产品、质量认证和品牌宣传、发展农业观光和乡村旅游项目等措施,可以提高农产品的市场知名度和竞争力,促进农业与旅游业的融合发展。同时,政府、企业和社会各界的合作与政策支持也是关键因素。通过共同努力,疏勒县有望成为农业品牌建设和乡村旅游发展的典范。

3. 基础设施建设

在经济发展中,基础设施建设扮演着至关重要的角色。它不仅关乎民生福祉,更是推动经济发展的基石。以下是对加强疏勒县基础设施建设,提高交通、通讯等方面便利程度的详细分析。

(1)交通建设

交通是经济发展的血脉,便利的交通条件能够极大地促进地区间的经济交流与合作。疏勒县可以加大交通建设投入,完善道路网络,提高交通通达度。例如,修建和维护公路、增设公交线路、提升道路通行能力等。此外,如果有条件的话,可以规划建设铁路或高速公路,进一步缩短与周边地区的时空距离。

(2)通信设施建设

通信是现代社会的神经系统,高质量的通信设施对于信息传递和经济运行至关重要。疏勒县可以加强通信设施建设,提高通信质量。这包括但不限于:建设高速互联网、优化移动网络覆盖、增设通信基站等。通过提升通信设施的现代化水平,可以促进信息交流,提升区域整体的信息化水平。

(3)长期效益与投资回报

加强基础设施建设并非短期行为,而是一项长期投资。从长远角度看,基础设施的完善将为疏勒县带来多重效益。首先,便利的交通和通讯将吸引外来投资,促进企业入驻和产业发展。其次,基础设施的完善将提高当地居民的生活质量,增强他们的获得感和幸福感。最后,良好的基础设施条件还将为未来经济持续健康发展奠定坚实基础。

(4)多元融资与合作模式

基础设施建设需要大量的资金投入。为了解决资金问题,疏勒县可以采取多种融资方式。例如,争取国家及省级财政资金支持、发行地方债券、引导社会资本参与等。此外,可以探索与周边地区或相关企业进行合作,共同参与基础设施建设,实现互利共赢。

(5)规划先行与可持续发展

在基础设施建设过程中,规划先行至关重要。疏勒县应该制定科学合理的基础设施建设规划,确保每一项投资都能产生最大的效益。同时,要注重可持续发展,确保基础设施建设既满足当前需求,又不损害未来的发展潜力。在项目选择上,要优先考虑那些具有长远经济效益和社会效益的项目。

综上所述,加强基础设施建设是疏勒县促进经济发展的重要途径。通过加大投入、完善交通和通信设施、采取多元化融资方式、制定科学规划等措施,可以极大地提升疏勒县的经济发展潜力。同时,这一过程也需要政府、企业和社会各界的共同努力和协作,以确保基础设施建设的顺利进行和可持续发展。

4. 招商引资与产业培育

在经济发展中,招商引资和产业培育是两个关键环节。疏勒县可以充分利用自身优势,制定有效的招商引资政策。以下是对这一策略的详细分析。

(1)招商引资政策

①税收优惠:税收优惠是吸引企业投资的重要手段之一。疏勒县可以给予新入驻企业在一定期限内减免部分或全部税负的优惠政策,降低企业运营成本,提高投资回报率。

②土地租赁优惠:土地是企业的立身之本。疏勒县可以提供低廉或优惠的土地租赁政策,降低企业的土地成本。此外,还可以根据企业投资规模和产业类型,提供不同等级的土地优惠政策。

③融资支持:融资难一直是制约企业发展的重要因素。疏勒县可以与金融机构合作,为入驻企业提供贷款、担保等融资支持,帮助企业解决资金问题。

④服务保障:提供高效、便捷的服务是吸引企业的重要因素。疏勒县可以建立企业服务中心,为企业提供一站式服务,包括但不限于工商注册、税务办理、项目申报等,简化企业入驻流程,提高办事效率。

(2)产业培育与发展

①纺织业:纺织业是传统优势产业,具有较高的就业吸纳能力。疏勒县可以利用当地丰富的原材料和劳动力资源,发展纺织业,引进先进的生产技术和设备,提高产品质量和市场竞争力。

②食品加工业:食品加工业是关系到民生的产业,市场需求量大。疏勒县可以依托当地特色农产品,发展食品加工业,如水果罐头、蔬菜加工、乳制品等,打造具有地方特色的食品品牌。

③电子商务与物流业:随着互联网的普及和电商的快速发展,电子商务与物流业成为新的经济增长点。疏勒县可以建设电子商务园区和物流园区,吸引电商和物流企业入驻,打造便捷高效的电商物流体系。

④旅游业:旅游业是绿色、可持续发展的产业,具有较大的发展潜力。疏勒县可以挖掘当地的文化和自然资源,发展旅游业,如特色小镇、民俗文化体验、

生态旅游等,吸引游客前来观光、休闲和度假。

综上所述,招商引资与产业培育是促进疏勒县经济发展的重要途径。通过制定优惠的招商引资政策,吸引外部投资和企业进驻;同时,培育和发展具有地方特色的产业,推动经济增长和提高就业率。这一策略的实施需要政府、企业和社会各界的共同努力和协作,以确保经济的持续健康发展。

5. 教育与培训

教育与培训在经济发展中的重要性不言而喻。通过教育与培训,人们可以获得知识和技能,提高自身的就业和创业能力,从而为经济发展提供源源不断的人才支持。下面,我们将对教育与培训在疏勒县经济发展中的具体作用进行详细分析。

(1)教育与培训对经济发展的影响

①提高劳动力素质:教育与培训是提高劳动力素质的关键途径。通过开展各类教育和培训项目,疏勒县可以提升劳动力的知识储备和技能水平,使他们在就业市场上更具竞争力,从而获得更好的就业机会和更高的收入水平。

②促进产业升级:随着经济的发展和产业结构的调整,对劳动力的技能要求也在不断变化。通过教育与培训,疏勒县可以培养出符合当地产业发展需求的高素质劳动力,推动产业升级和转型,增强经济的可持续发展能力。

③增强创新能力:创新是经济发展的重要驱动力。通过教育与培训,疏勒县可以培养劳动力的创新意识和创新能力,鼓励他们积极探索新的技术、新的业态和新的商业模式,为经济发展注入新的活力。

(2)教育与培训的具体措施

①职业技能培训:针对不同的行业和岗位需求,疏勒县可以开展职业技能培训,如电工、焊工、厨师、电商运营等。通过这些培训,人们可以获得相应的职业技能证书,提高自身的就业竞争力。

②农业技术培训:疏勒县作为农业大县,可以开展农业技术培训,如种植技术、养殖技术、农业机械使用等。通过培训,农民可以掌握先进的农业技术,提高农业生产效率和农产品质量。

③高等教育与科研机构合作:疏勒县可以与高等教育和科研机构合作,引进优质教育资源,开展高层次人才培养和科研合作项目。这不仅可以提高当地人才的培养质量,还可以促进科技创新和成果转化。

④建立教育培训中心:疏勒县可以建立教育培训中心,整合各类教育资源,

提供全方位的教育和培训服务。通过教育培训中心,人们可以获得更加便捷、高效的学习机会,进一步提升自身素质和能力。

教育与培训是促进疏勒县经济发展的重要支撑。通过加强教育和培训投入,提高劳动力素质和技能水平,可以为当地经济发展提供有力的人才保障。在实施教育与培训措施时,疏勒县应注重与市场需求和产业发展相结合,确保教育和培训成果能够转化为实际的生产力和竞争力。同时,政府、企业和社会各界应共同努力,加大对教育和培训的投入力度,为经济发展提供持续的人才支持和发展动力。

综上所述,疏勒县可以利用其作为古代丝绸之路驿站的历史文化和丰富的农业资源,通过文化旅游开发、农业品牌建设、基础设施建设、招商引资与产业培育以及教育与培训等措施,为地区经济发展带来动力。同时,应注意保护和传承历史文化遗产,实现可持续发展。

5.3.9 民乐县

民乐县位于张掖市东南部,以其壮观的丹霞地貌而著名。民乐县可以利用其壮观的丹霞地貌这一特色景观,采取以下措施为地区经济发展带来动力。

1. 旅游业发展

旅游业发展是一个地区经济的重要组成部分,对于民乐县来说,丹霞地貌是其独特的自然景观资源,具有很高的观赏价值和科学价值,可以作为发展旅游业的重要依托。下面,我们将对丹霞地貌在民乐县旅游业发展中的作用进行详细分析。

(1)丹霞地貌的独特价值

丹霞地貌是一种特殊的红色地貌景观,其形成于亚热带湿润气候下的红色岩层经长时间的风化和侵蚀作用。这种地貌具有艳丽的色彩、奇特的地貌形态和独特的生态环境,吸引了大量游客前来观赏和探索。

(2)发展旅游业的具体措施

①基础设施建设:为了更好地展示丹霞地貌的独特魅力,民乐县需要加强基础设施建设。这包括建设观景台、步道、景区道路等,以便游客能够更加便捷地到达景点并进行观赏。同时,还需要建设相应的配套设施,如游客服务中心、洗手间等,提高游客的旅游体验。

②导游服务与培训:为了给游客提供更好的服务,民乐县可以加强导游服

务与培训。通过培训当地导游,使他们能够更好地介绍丹霞地貌的形成过程、特点以及当地的传统文化和风土人情。同时,还可以为游客提供专业的旅游指导和服务,帮助他们更好地游览景点。

③住宿餐饮服务:旅游业的发展离不开住宿和餐饮服务的支持。民乐县可以开发具有地方特色的住宿和餐饮项目,如农家乐、民宿等,为游客提供更加丰富和多样的旅游体验。同时,这些住宿和餐饮项目也可以为当地居民提供就业机会,增加收入来源。

④营销与宣传:为了吸引更多游客前来民乐县旅游,需要加强营销和宣传工作。可以通过各种渠道,如线上平台、社交媒体等,宣传丹霞地貌的独特魅力和旅游品牌形象。同时,还可以与其他旅游目的地合作,共同推广旅游线路和产品,提高知名度和影响力。

(3)旅游业发展的经济效应

①增加就业机会:随着游客数量的增加,民乐县的旅游业将不断发展壮大。这将为当地居民提供更多的就业机会,如导游、餐饮服务、住宿管理等。这些就业机会不仅有助于提高当地居民的生活水平,还可以为当地经济发展注入新的活力。

②促进相关产业发展:旅游业的发展将带动相关产业的发展,如交通、餐饮、零售等。随着游客数量的增加,这些行业的需求也将随之增长,为当地经济发展带来更多机遇。

③增加地方财政收入:旅游业的发展将为当地政府带来更多的财政收入。政府可以通过征收旅游税、门票收入等方式获取财政收入,用于支持当地的基础设施建设、环境保护和文化传承等方面的工作。

综上所述,丹霞地貌作为一种独特的自然景观资源,为民乐县发展旅游业提供了得天独厚的条件。通过加强基础设施建设、导游服务与培训、住宿餐饮服务和营销与宣传等方面的工作,民乐县可以打造具有地方特色的旅游品牌,吸引更多游客前来观光旅游。随着旅游业的发展,将为当地经济带来更多的就业机会和财政收入,促进经济的可持续发展。同时,民乐县还需要注重环境保护和文化传承工作,确保旅游业的发展与自然环境的和谐共生和传统文化的传承发扬。

2. 生态保护与可持续发展

在发展旅游业的同时,生态保护与可持续发展是不可或缺的重要因素。民乐县在利用丹霞地貌这一独特资源时,必须采取一系列措施来确保生态环境的健康和可持续性。以下是对生态保护与可持续发展在民乐县旅游业中作用的详细分析。

(1)生态保护的重要性

丹霞地貌作为一种珍贵的自然景观资源,其生态环境是脆弱且独特的。不当的开发和利用可能会对其造成不可逆的破坏。因此,民乐县在发展旅游业时,必须将生态保护放在首位,确保资源的可持续利用。

(2)制定合理的开发规划和管理措施

为了实现生态保护与可持续发展的目标,民乐县需要制定科学、合理的开发规划和管理措施。这包括对丹霞地貌的分区管理、游客承载量的限制、开发强度的控制等。通过规划和管理,可以有效地限制过度开发和破坏性行为,保护丹霞地貌的生态环境。

(3)加强环境监测和治理

为了及时了解丹霞地貌的生态环境状况,民乐县需要建立完善的环境监测体系。通过定期监测,可以及时发现环境问题并采取相应的治理措施。同时,加强环境治理也是生态保护的重要手段,包括对污染源的控制、生态恢复等。

(4)提高游客的环保意识

游客是旅游业发展的主体,他们的行为直接影响到丹霞地貌的生态环境。因此,民乐县需要加强环保宣传和教育,提高游客的环保意识。通过设置宣传标语、提供环保信息资料、开展环保活动等方式,引导游客文明旅游、爱护环境,减少对丹霞地貌的破坏。

(5)促进生态旅游的健康发展

生态旅游是一种以保护生态环境为前提的旅游方式,其目标是实现经济、社会和环境的共赢。民乐县可以借助丹霞地貌这一独特资源,开展生态旅游活动,如生态徒步、自然观察等。这些活动不仅可以满足游客对自然景观的欣赏需求,同时也有助于提高公众的环保意识,促进生态旅游的健康发展。

(6)实现经济、社会和环境的共赢

通过以上措施的实施,民乐县可以实现经济、社会和环境的共赢。在保护丹霞地貌生态环境的前提下,发展旅游业可以为当地带来经济收益、增加就业机会、促进相关产业的发展。同时,通过环保宣传和教育,可以提高当地居民和游客的环保意识,促进社会的可持续发展。最终,民乐县将成为一个经济繁荣、环境优美、社会和谐的旅游胜地。

在发展旅游业的同时,民乐县应重视生态保护,确保可持续发展。加强对丹霞地貌的保护,制定合理的开发规划和管理措施,限制过度开发和破坏性行为。同时,加强环境监测和治理,提高游客的环保意识,促进生态旅游的健康发展。通过生态保护与可持续发展,可以实现经济、社会和环境的共赢。

3. 文化与教育结合

文化与教育结合是现代社会发展的一个重要趋势,这种趋势强调了文化传承和教育发展的重要关系。在民乐县,可以利用丹霞地貌这一特色景观,开展各种文化与教育活动,从而实现文化传承和教育的深度融合。

(1)科普讲座

科普讲座是普及自然科学知识的重要途径。通过组织科普讲座,可以让游客和当地居民更深入地了解丹霞地貌的形成过程、生态环境保护等方面的知识。科普讲座可以采用多种形式,如专家讲解、问答互动等,以增强公众的参与感和互动性。

(2)自然观察

自然观察是一种让游客亲身体验大自然的方式。通过组织自然观察活动,可以让游客在欣赏美景的同时,观察丹霞地貌的动植物生态、地貌特征等。自然观察活动可以采用多种形式,如徒步旅行、野外观测等,以增强游客的体验感和参与感。

(3)户外拓展

户外拓展活动可以帮助游客和当地居民增强身体素质、培养团队协作精神。在丹霞地貌景区内设置攀岩、徒步等挑战项目,可以吸引游客参与。同时,为当地居民提供免费的户外拓展培训,可以提高他们的综合素质和团队协作能力。

(4)研学旅行

研学旅行是一种将学习与实践相结合的教育方式。通过组织研学旅行,学生可以在实践中学习自然科学知识,培养独立思考和解决问题的能力。研学旅行可以采用多种形式,如实地考察、专家讲解、动手实践等,以增强学生的实践能力和综合素质。

(5)地理考察

地理考察是地理学科教学的重要环节。通过组织地理考察活动,学生可以更深入地了解地理知识,提高实践能力。地理考察可以采用多种形式,如实地测量、地貌分析等,以增强学生的实践能力和综合素质。

综上所述,民乐县可以利用丹霞地貌这一特色景观,开展形式多样的文化与教育活动。这些活动不仅可以普及自然科学知识、提高公众的环保意识和文化素养,还可以为学生提供实践学习的机会、促进素质教育的发展。同时,这些活动也可以为民乐县的旅游业注入新的活力、促进经济的可持续发展。通过这些活动,可以实现文化传承与教育的深度融合,促进社会、文化和经济的多赢发展。

4.地方特色产品开发

地方特色产品开发是促进地区经济发展和文化传承的重要手段。在民乐县,可以利用丹霞地貌这一独特的自然资源,开发一系列具有地方特色的产品,从而推动当地经济的发展和文化的传播。

(1)丹霞地貌相关产品

①工艺品:可以设计制作与丹霞地貌相关的工艺品,如雕刻、摆件等,采用当地特有的材料和工艺,展现丹霞地貌的独特魅力。

②纪念品:开发具有民乐县特色的纪念品,如明信片、钥匙扣、T恤等,印制丹霞地貌的图案或标语,供游客购买留念。

③摄影作品:鼓励当地摄影师或游客拍摄丹霞地貌的美丽照片,经过筛选和编辑,制作成画册、照片墙等形式,供游客购买或观赏。

(2)特色美食和农产品

①特色美食:挖掘和推广民乐县的特色美食,如地方特产小吃、传统菜肴等,可以通过设立特色美食街、举办美食节等形式吸引游客品尝。

②农产品:利用当地特色的农产品,如有机蔬菜、水果、药材等,进行深加工或包装,提高其附加值和市场竞争力。可以通过建立农产品品牌、开展电商销售等方式,扩大市场覆盖面。

(3)经济收入与产业附加值

通过地方特色产品的开发,可以增加民乐县的产业附加值和经济收入。一方面,特色产品的销售可以带动当地经济的发展,提高居民收入;另一方面,特色产品的开发可以促进相关产业链的发展,如工艺品制作、农产品种植等,进一步增加就业机会和经济效益。

（4）文化传承与传播

地方特色产品的开发不仅具有经济价值，还具有文化传承的意义。通过特色产品的传播，可以让更多的人了解和认识民乐县的丹霞地貌、地方文化和传统技艺，促进文化的传承和发展。同时，特色产品的开发也有助于提升民乐县的知名度和形象，吸引更多的游客和投资者。

综上所述，民乐县可以利用丹霞地貌这一特色景观，开发具有地方特色的产品。通过工艺品、纪念品、摄影作品等的开发以及特色美食和农产品的推广，不仅可以满足游客的购物需求，增加当地的经济收入和产业附加值，还可以促进文化的传承和传播。

5. 基础设施建设

在发展旅游业和提高游客服务质量方面，基础设施建设是一个至关重要的环节。民乐县为了更好地吸引游客和提升旅游体验，必须对基础设施进行完善和升级。以下是对基础设施建设的详细讲解和分析。

（1）交通条件改善

①道路质量提升：民乐县应投资改善通往主要景区和旅游目的地的道路质量，确保路况平整、安全，减少旅途中的颠簸和风险。

②通达性增强：除了提升道路质量，还要增加通往周边大中城市和重要交通枢纽的连接线路，提高景区的可达性。

③交通工具升级：考虑引入更现代、更舒适的公共交通工具，如旅游大巴或穿梭巴士，方便游客往返。

（2）旅游服务设施建设

①游客服务中心：建立功能齐全的游客服务中心，提供旅游咨询、票务服务、导游服务等多种功能，满足游客的多样化需求。

②停车场建设：在景区和游客集中的区域，设置足够的停车位，并建设现代化的停车场设施，确保游客停车方便、安全。

③公共卫生间：合理布局公共卫生间，特别是在游客密集区域，保持卫生清洁，满足游客的基本需求。

（3）通信网络加强

①移动网络覆盖：加强移动通信网络建设，确保游客在景区内能够稳定地使用移动数据和通话功能。

②Wi-Fi 覆盖：在游客集中的区域，如景区、酒店、餐厅等，提供免费或付费

的 Wi-Fi 服务,方便游客与外界联系。

(4)提升接待能力和服务质量

通过上述基础设施的建设和完善,民乐县的旅游接待能力将得到显著提升。这将直接反映在以下几个方面。

①游客满意度提高:更好的交通条件、更完善的旅游服务和通信网络将使游客更加满意,从而提高游客的回头率和口碑传播。

②经济收益增加:基础设施的完善将吸引更多的游客,从而增加民乐县的旅游收入和相关行业的经济收益。

③就业机会增加:随着旅游业的发展,将需要更多的工作人员来满足游客的需求,从而创造更多的就业机会。

④形象提升:优质的旅游服务和设施将使民乐县在游客心目中的形象得到提升,从而提高其知名度和竞争力。

民乐县加强基础设施建设对于发展旅游业和提高游客服务质量至关重要。通过改善交通条件、建设旅游服务设施和加强通信网络等措施,民乐县可以进一步提升其旅游业的整体水平和发展潜力。

综上所述,民乐县可以利用其壮观的丹霞地貌这一特色景观,通过旅游业发展、生态保护与可持续发展、文化与教育结合、地方特色产品开发以及基础设施建设等措施,为地区经济发展带来动力。同时,应注重可持续发展和长期效益,确保经济、社会和环境的和谐发展。

5.3.10　华池县

华池县位于庆阳市东北部,有着丰富的历史文化遗迹和美丽的自然风光。

华池县可以利用其丰富的历史文化遗迹和美丽的自然风光,采取以下措施为地区经济发展带来动力。

1. 旅游业发展

华池县在发展旅游业方面具有得天独厚的优势,其丰富的历史文化遗迹和自然风光为旅游业的发展提供了坚实的基础。以下是对华池县发展旅游业的具体分析和建议。

(1)核心资源:历史文化遗迹与自然风光

①历史文化遗迹:华池县拥有众多的历史文化遗迹,如古建筑、古村落、古代战场等。这些遗迹不仅具有极高的历史价值,也是吸引游客的重要资源。

②自然风光：华池县的自然风光也是其发展旅游业的一大优势。壮丽的河流、秀美的山川、丰富的动植物资源都为生态旅游和乡村旅游提供了可能。

（2）旅游品牌打造

基于上述核心资源，华池县可以着力打造具有地方特色的旅游品牌，强调其深厚的历史底蕴和独特的自然景观。在宣传和推广上，要突出这些特点，使游客对华池县的旅游形象有一个清晰的认识。

（3）项目开发

①历史文化遗迹观光游览：设计合理的游览线路，提供专业的讲解服务，使游客能够深入了解华池县的历史文化。

②文化体验与民俗活动：组织各种民俗活动和节庆，让游客参与其中，亲身体验当地的文化和生活方式。

③徒步旅行与生态旅游：开发适合徒步的线路，开展生态教育活动，使游客能够亲近大自然，体验生态之美。

④乡村旅游：利用华池县的乡村资源，开发农家乐、农业观光等项目，让游客充分感受乡村生活。

（4）相关产业带动

随着旅游业的发展，华池县的交通、餐饮、零售等相关产业也将得到极大的促进。这将为当地创造更多的就业机会，同时也为地方财政带来更多的收入。

（5）持续发展与规划

为了确保旅游业健康、持续地发展，华池县需要制定长远的规划，注重环境保护和文化传承，避免过度开发，确保旅游业的发展与当地生态环境和社会文化的和谐共生。

综上所述，华池县在发展旅游业方面具有巨大的潜力和优势。华池县可以大力发展旅游业，将历史文化遗迹和自然风光作为核心资源，打造具有地方特色的旅游品牌。例如，可以开发历史文化遗迹的观光游览、文化体验、民俗活动等项目，吸引游客前来参观和体验。同时，可以利用自然风光资源，开展徒步旅行、生态旅游、乡村旅游等项目，吸引游客前来休闲度假。随着游客数量的增加，可以带动相关产业的发展，如交通、餐饮、零售等，增加就业机会和地方财政收入。只要合理规划、科学开发，并注重可持续性，相信华池县的旅游业一定能够取得长足的发展，为当地经济带来更大的贡献。

2. 文化与教育结合

华池县可以利用其丰富的历史文化遗迹,开展形式多样的文化与教育活动。例如,可以组织历史讲座、文化展览、民俗表演等活动,吸引游客和当地居民参与。通过这些活动,可以传播历史文化知识,提高公众的文化素养。同时,可以开展研学旅行、历史文化考察等教育活动,为学生提供实践学习的机会,促进素质教育的发展。

华池县具有丰富的历史文化资源,这些资源不仅仅是观光游览的对象,更是一份宝贵的教育资源。将文化与教育相结合,不仅可以提高公众的文化素养,还能为学生提供实践学习的机会,促进素质教育的发展。以下是对华池县如何结合文化与教育活动的具体分析和建议。

(1)文化传播与教育活动的结合

①历史讲座:定期组织历史讲座,邀请专家学者为公众讲解华池县的历史文化,提高大家对本地历史的认知和了解。

②文化展览:举办各种与华池县历史文化相关的展览,如古代文物、民俗艺术品等,使游客和当地居民更直观地了解本地文化的魅力。

③民俗表演:组织各种民俗表演活动,如地方戏曲、民间舞蹈等,让游客和当地居民参与其中,亲身体验和感受民俗文化的魅力。

(2)学生实践与教育活动

①研学旅行:利用华池县的资源,设计针对学生的研学旅行项目。例如,组织学生实地考察历史文化遗迹,让他们亲身体验和学习历史知识。

②历史文化考察:为学生提供深入的历史文化考察机会,如古建筑测绘、民俗文化调研等,培养他们的实践能力和学术研究能力。

③素质教育活动:结合华池县的文化特色,开展各类素质教育活动,如创意写作、艺术创作等,促进学生全面发展。

(3)持续发展与合作

为了确保文化与教育活动的持续发展,华池县需要与各类教育机构、社会组织建立合作关系,共同策划和实施相关活动。同时,鼓励和支持民间力量的参与,形成多元化的合作模式,共同推动文化与教育的结合。

(4)资源整合与利用

除了历史文化资源外,华池县还拥有丰富的自然资源。在策划活动时,可以结合自然景观和文化遗迹,设计出既有文化内涵又有教育价值的活动项目。

例如,在徒步旅行或生态旅游中融入文化解说和教育内容,使游客在欣赏自然美景的同时,也能学习到相关的历史和文化知识。

综上所述,华池县结合其丰富的历史文化资源开展文化与教育活动具有很大的潜力和价值。华池县可以利用其丰富的历史文化资源,开展形式多样的文化与教育活动。为了确保这些活动的持续发展,华池县需要与各方建立合作关系,共同策划和实施相关活动,并注重资源的整合和利用。

3. 特色产品开发

华池县拥有丰富的历史文化资源和自然风光,这为其开发具有地方特色的产品提供了得天独厚的条件。特色产品的开发不仅能满足游客的购物需求,提高当地知名度和市场竞争力,更能为当地带来经济收益,推动产业发展。以下是对华池县如何进行特色产品开发的详细分析和建议。

(1)产品定位与设计

华池县可以围绕其历史文化资源和自然风光,设计出一系列具有地方特色的产品。

①工艺品与纪念品:开发与当地历史文化遗迹相关的工艺品和纪念品,如仿古复制品、特色饰品等。这些产品既可以作为游客的留念,也能满足他们对地方文化的兴趣。

②摄影作品:推出当地风光摄影作品集或明信片,将华池县的美丽自然景色和人文景观定格为永恒。

③特色美食与农产品:重点推广当地的特色美食和农产品,如地方特产小吃、有机农产品等。通过包装和宣传,提高其知名度和市场竞争力。

(2)合作与推广

为了更好地推广特色产品,华池县需要与多方合作,共同推动产业发展。

①与旅游景点合作:与当地的旅游景点合作,将特色产品融入景点中,为游客提供便捷的购物体验。例如,在景区设置专门的购物区域,展示和销售特色产品。

②与电商平台合作:与电商平台合作,开设线上商店或专区,扩大产品的销售渠道,提高市场覆盖率。

③与地方合作与品牌推广:与其他地方或企业合作,共同推广华池县的特色产品,提高其知名度和影响力。

（3）质量与品牌建设

为了保持产品的持续吸引力，华池县需要注重质量与品牌的建设。

①质量监控：建立严格的质量监控体系，确保特色产品的质量和特色。对于工艺品和纪念品，要注重其工艺和材料的选择；对于美食和农产品，要保证其原汁原味和新鲜度。

②品牌建设：培育和打造特色产品的品牌形象，使其成为华池县的标志性代表。通过统一的品牌形象和宣传策略，提升消费者对产品的认知度和信任度。

（4）持续创新与发展

随着市场的变化和消费者需求的升级，华池县需要不断地进行产品创新和发展。

①市场调研：定期进行市场调研，了解消费者的需求和偏好，以便调整和优化产品设计和定位。

②创意研发：鼓励企业和个人进行创意研发，推出更多具有创新性和独特性的特色产品。

③产业链整合：整合当地的产业链资源，推动特色产品的上下游协同发展，形成完整的产业生态圈。

综上所述，华池县开发具有地方特色的产品具有很大的潜力和市场前景。通过明确产品定位、合作推广、质量监控、品牌建设以及持续创新与发展等措施的实施，可以有效地推动当地产业的附加值和经济收入的增加。同时，为游客提供具有文化内涵和地方特色的产品，也有助于提升华池县的知名度和旅游吸引力。

4.基础设施建设

华池县在发展旅游业和服务游客方面，需要加强基础设施建设。基础设施是一个地区旅游业发展的基石，它决定了游客的访问体验和服务质量。以下是对华池县进行基础设施建设的详细分析和建议。

（1）交通基础设施

①道路改善：重点改善通往主要景区的道路质量，确保路面的平整度和通行能力，可以考虑对部分路段进行拓宽，或在高峰时段增加交通疏导措施。

②交通工具：除了道路交通，考虑增加景区之间的公共交通工具，如巴士或电动车租赁服务，方便游客在景区之间移动。

③停车场建设:在各大景区附近建设足够的停车场,提供便捷的停车服务,并确保游客车辆的安全。

(2)旅游服务设施

①游客服务中心:建立功能齐全的游客服务中心,提供旅游咨询、票务服务、导游预约等功能。中心内可以设置信息展示板,提供景区介绍和活动信息。

②公共卫生间:在景区内外增设公共卫生间,并确保其清洁和设施完备。良好的卫生间环境是提升游客满意度的关键因素之一。

③住宿与餐饮设施:除了提供基本的住宿和餐饮服务,可以考虑开发一些特色民宿和餐饮体验,让游客更深入地体验当地文化。

(3)通信与网络设施

①通信网络覆盖:加强通信网络建设,确保景区及周边地区的通信讯号稳定,满足游客的通讯需求。

②Wi-Fi 覆盖:在游客集中的区域提供免费的 Wi-Fi 服务,方便游客上传照片、与家人朋友分享旅游见闻等。

③紧急通信设施:在景区内设置紧急通信设施,如电话亭或应急呼叫按钮,确保游客在遇到紧急情况时能够及时联系到外界。

(4)持续维护与更新

①定期维护:对基础设施进行定期检查和维护,确保各项设施始终处于良好状态。

②技术更新:随着技术的发展和游客需求的变化,及时更新和完善基础设施。例如,引入智能导游系统、电子支付等先进技术。

③环境绿化与美化:加强景区内的绿化工作,提升景区的整体环境质量。合理布置座椅、垃圾桶等公共设施,提高游客的舒适度。

通过以上措施的实施,华池县的基础设施将得到显著改善,从而提高其旅游接待能力和服务质量。这不仅可以吸引更多游客前来游览,还可以增加游客的满意度和忠诚度,对华池县的旅游业发展产生积极的影响。同时,完善的基础设施也将为当地居民提供更好的生活和工作环境,促进华池县的全面发展。

5.生态保护与可持续发展

在发展旅游业的同时,华池县应重视生态保护,确保可持续发展。生态保护与可持续发展是旅游业长期稳定发展的基石,也是每个旅游目的义不容辞的责任。以下是对生态保护与可持续发展的详细分析和建议。

（1）文化遗产与自然风光的保护

①历史建筑与古迹保护：华池县应对其历史建筑、古迹和传统文化进行详细普查，并制定针对性的保护措施。对受威胁的文物和古迹，应立即采取保护措施，并进行修缮和维护。

②自然风光的保护：确保自然景观的原始性和完整性，避免过度开发。限制在景区内建设大型人工设施，保持其自然特色和原始风貌。

③制定合理规划：在开发新的旅游项目或设施时，应进行环境影响评估，并制定相应的保护措施和应急预案。

（2）环境监测与治理

①环境监测：建立完善的环境监测体系，定期对景区内的空气质量、水质、噪音等进行监测，确保各项指标符合国家标准。

②污染治理：对景区内的污染源进行调查和控制，如减少机动车辆进入景区、控制游客数量等措施，以减轻对环境的压力。

③垃圾处理：建立完善的垃圾分类和回收制度，确保景区的清洁和整洁。同时，加强宣传教育，提高游客的环保意识。

（3）生态旅游的推广与教育

①生态旅游项目开发：结合华池县的资源优势，开发一系列生态旅游项目，如自然观察、户外探险等，让游客更加亲近自然。

②环保教育：在游客服务中心、景区入口等地方设置环保宣传栏或播放环保宣传片，提高游客的环保意识。同时，可以组织一些环保主题的活动，引导游客参与其中。

③培训与管理：加强对旅游从业人员的培训和管理，确保他们具备基本的环保知识和意识。通过他们的引导和宣传，影响游客的行为和习惯。

（4）社区参与与合作

①社区参与：鼓励当地社区参与旅游业的发展，分享其经济利益。同时，让他们意识到生态保护的重要性，从而形成自下而上的保护机制。

②合作与交流：与其他国家或地区的相关机构进行合作与交流，共同探讨生态保护和可持续发展的新方法、新模式。

③政策与法规：制定严格的生态保护政策和法规，对破坏生态环境的行为进行惩罚。同时，通过政策激励和奖励机制，鼓励企业和个人参与生态保护工作。

通过以上措施的实施,华池县可以实现经济、社会和环境的共赢。生态保护与可持续发展不仅有助于保护当地的自然和文化资源,还可以提高游客的满意度和忠诚度,促进华池县的长期稳定发展。同时,这也为当地居民提供了更多的就业机会和收入来源,改善了他们的生活条件。最终,实现人与自然和谐共生的美好愿景。

综上所述,华池县可以利用其丰富的历史文化遗迹和美丽的自然风光,通过旅游业发展、文化与教育结合、特色产品开发、基础设施建设和生态保护与可持续发展等措施,为地区经济发展带来动力。同时,应注重可持续发展和长期效益,确保经济、社会和环境的和谐发展。

5.4　案例四:依托生态保护实现乡村振兴的探索

在中国的西北地区,有一个乡村依托生态保护,走出了一条别具一格的乡村振兴之路。他们深知,只有守护好绿水青山,才能赢得金山银山。让我们一同见证这个乡村如何在保护生态的基础上,实现经济与社会的可持续发展,为乡村振兴探索出一条绿色发展之路。中国西北地区乡村依托生态保护实现乡村振兴的探索可以从以下几个方面展开。

5.4.1　培育生态农业

培育生态农业是一个非常重要的议题,它强调在保护生态环境的前提下,发展有机农业、绿色农业等生态农业模式。通过减少化肥和农药的使用,提高农产品质量,增加农民收入。同时,推广生态农业技术,提高农民的生态保护意识和技能。以下是对这些内容的详细分析。

1.有机农业和绿色农业

这两种农业模式是生态农业的重要组成部分。有机农业完全不使用化学肥料和农药,而是依靠天然的有机物,如粪便、植物残渣等作为肥料,同时采用生物防治方法控制害虫。绿色农业则强调使用低毒、低残留的农药,以及天然的肥料,以确保农产品的安全和质量。

2.减少化肥和农药的使用

过度使用化肥和农药会导致土壤污染、水源污染和生态失衡等问题。发展生态农业的一个重要目标就是减少化肥和农药的使用,这不仅可以保护环境,还可以提高农产品的质量。通过使用有机肥料和生物防治方法,可以减少化肥和农药对土壤和生态系统的负面影响。

3.提高农产品质量

生态农业注重提高农产品的质量,包括外观、口感、营养成分等方面。通过使用有机肥料和生物防治方法,可以增加农产品的营养成分,同时减少有害物质残留。这不仅有利于消费者的健康,还能提高农产品的市场竞争力。

4.增加农民收入

发展生态农业可以增加农民的收入。一方面,生态农产品通常售价较高,可以带来更好的经济效益;另一方面,生态农业还可以通过减少化肥和农药的投入,降低生产成本,进一步提高经济效益。

5.推广生态农业技术

为了更好地发展生态农业,需要推广生态农业技术,包括有机肥料的使用、生物防治方法的推广等。这需要加强对农民的培训和教育,提高他们的生态保护意识和技能。

6.政策扶持和监管

为了鼓励农民积极参与生态农业,政府需要提供一定的政策扶持,如提供补贴、税收优惠等。同时,政府还需要加强对生态农业的监管,确保其符合相关标准和规定。

总的来说,培育生态农业是一个多方面、多层次的过程,需要政府、农民、消费者等各方的共同努力。只有通过全社会的共同努力,才能实现生态农业的可持续发展,为人类创造一个更加健康、可持续的未来。

5.4.2 发展乡村旅游

发展乡村旅游是一个非常有潜力的策略,它充分利用了西北地区丰富的自然景观和文化遗产,为当地经济带来了新的增长点。以下是对这个话题的详细分析和讲解。

1. 自然景观和文化遗产的利用

西北地区拥有壮丽的山水、多样的地貌和深厚的文化底蕴。这些资源是发展乡村旅游的重要基础。通过合理的规划和开发,这些资源可以转化为吸引游客的特色旅游产品。以下是关于西北地区资源和旅游开发的具体说明和分析。

(1)自然资源

①壮丽的山水:西北地区地势多样,既有高山峻岭,也有广袤的草原。这些山水景观具有极高的观赏价值,是吸引游客的重要因素。例如,一些山区和草原已经成为热门的旅游目的地,吸引着大量游客前来观赏和体验。

②多样的地貌:西北地区的地貌类型极为丰富,包括沙漠、戈壁、河流、湖泊等。这些地貌景观为游客提供了多样的旅游体验,如沙漠探险、湖泊游船等。

(2)文化资源

①深厚的文化底蕴:西北地区是多个民族聚居的地区,文化多样且独特。这里的传统文化、艺术、手工艺等都具有很高的价值。通过乡村旅游,游客可以深入了解这些文化,体验当地的风俗民情。

②历史遗迹:西北地区拥有许多历史遗迹,如古城遗址、古代建筑等。这些遗迹反映了该地区丰富的历史和文化遗产,为游客提供了学习和探索的机会。

(3)旅游开发策略

①合理规划:针对西北地区的资源和地理位置特点,制定出合理的旅游开发规划。规划应注重保护生态环境和当地文化,确保旅游发展与可持续发展相结合。

②特色旅游产品:利用西北地区的自然资源和文化资源,开发出具有地方特色的旅游产品。例如,推出以山水景观为主的自然探险线路,或以文化体验为主的民俗旅游项目。

③提升服务质量:加强旅游服务人员的培训和管理,提高服务质量。同时,完善旅游基础设施,如住宿、交通等,为游客提供舒适便捷的旅游环境。

④市场营销与宣传:通过多种渠道进行市场营销和宣传,提高西北地区乡村旅游的知名度和吸引力。例如,利用社交媒体、线上平台等进行宣传推广,吸引更多游客前来体验。

⑤合作与联动发展:与其他地区或旅游目的地建立合作关系,实现资源共享和优势互补。通过联动发展,提升整个地区的旅游竞争力,促进区域经济的共同发展。

综上所述,西北地区的自然和文化资源为乡村旅游的发展提供了得天独厚的条件。通过合理的规划和开发,这些资源可以转化为吸引游客的特色旅游产品,促进当地经济的发展和文化的传承。在发展过程中,应注重环境保护和文化保护,确保旅游发展与可持续发展相结合,实现经济、社会和环境的共赢。

2. 保护传统文化和生态环境

在开发乡村旅游的过程中,对传统文化和生态环境的保护至关重要。传统文化是乡村旅游的灵魂,而生态环境则是其持续发展的基础。因此,任何开发活动都应在确保不破坏文化和生态的前提下进行。以下是关于这一点的具体说明和分析。

(1)传统文化的重要性

①乡村旅游的灵魂:传统文化是乡村旅游的核心吸引力之一。游客往往希望深入了解当地的民俗、艺术、手工艺等,体验原汁原味的乡村生活。因此,保护传统文化不仅是对当地居民文化传承的尊重,也是满足游客需求的关键。

②文化传承与发展:通过乡村旅游,当地居民可以更加深入地了解和认识自己的文化,从而增强文化自信心。同时,乡村旅游也为传统文化提供了一个展示和传播的平台,有助于文化的传承和发展。

(2)生态环境的保护

①持续发展的基础:良好的生态环境是乡村旅游持续发展的前提。优美的自然景观、清新的空气和清澈的水源等都是吸引游客的重要因素。因此,任何开发活动都应注重保护生态环境,确保乡村旅游的可持续发展。

②生态与旅游的共赢:通过合理利用和保护生态环境,可以实现生态与旅游的共赢。例如,通过推广生态旅游、绿色旅游等方式,引导游客参与生态保护活动,增强他们的环保意识,从而实现经济和环境的双重收益。

(3)开发策略与建议

①制定严格的保护措施:在开发乡村旅游之前,应对当地的文化和生态环境进行全面评估,制定出严格的保护措施和规章制度。确保任何开发活动都符合法律法规和文化生态保护的要求。

②培训和教育:加强对当地居民和游客的培训和教育,提高他们的文化保护和环保意识。通过举办培训课程、宣传活动等,让更多人了解传统文化和生态环境的重要性。

③引入专业人才和技术:引进具有乡村旅游规划和管理经验的专业人才,

引入先进的技术和管理方法。他们可以提供专业的建议和指导,确保乡村旅游的开发与保护工作顺利进行。

④鼓励社区参与:让当地社区居民参与到乡村旅游的开发和保护工作中来。他们的参与不仅可以增强文化自信心和归属感,还可以为当地经济社会发展做出贡献。

⑤建立监测与评估机制:建立健全的监测与评估机制,对乡村旅游的开发和保护工作进行实时监测和评估。及时发现并解决潜在的问题和风险,确保乡村旅游的健康、可持续发展。

综上所述,在开发乡村旅游的过程中,必须高度重视对传统文化和生态环境的保护。通过制定严格的保护措施、加强培训教育、引入专业人才和技术、鼓励社区参与以及建立监测与评估机制等手段,可以实现乡村旅游的可持续发展,促进经济、文化和环境的共同繁荣。

3. 开发地方特色旅游产品

为了吸引游客,必须开发具有地方特色的旅游产品。开发地方特色旅游产品是推动旅游业发展的关键,下面是对如何开发具有地方特色的旅游产品的具体说明和分析。

(1)农家乐

农家乐是一种以乡村为背景,以农家为依托的旅游形式。通过提供乡村生活体验、农事活动参与、农产品品尝等服务,吸引游客深入了解乡村文化和风土人情。为了突出地方特色,可以结合当地的自然景观、农业资源和文化传统,设计具有特色的农家乐项目。例如,在风景优美的乡村开设民宿、提供农家菜肴、组织农事体验活动等。

(2)民俗体验

民俗文化是地方特色旅游的重要组成部分。通过组织游客参与当地的民俗活动,如地方戏曲表演、民间工艺制作、传统节日庆典等,可以让游客深入了解当地的文化传统和风土人情。为了提高游客的参与度和体验感,可以设置专门的民俗体验区,提供专业的指导和讲解,并鼓励游客亲身体验和互动。

(3)特色农产品

农产品是地方特色旅游的重要商品之一。通过开发具有地方特色的农产品,如有机蔬菜、水果、药材等,可以满足游客的购物需求,同时促进当地农业产业的发展。可以加强品牌建设和包装设计,打造具有地方特色的农产品品牌。

此外,可以通过开展农产品加工和深加工业务,提高农产品的附加值和市场竞争力。

(4)提高游客黏性和重游率

①提供个性化服务:根据游客的需求和喜好,提供个性化的服务和体验,如定制行程、私人导游等。通过满足游客的个性化需求,提高游客满意度和忠诚度。

②建立会员制度:设立会员制度,为游客提供积分累积、优惠折扣等福利。通过会员服务,增加游客的归属感和黏性,提高重游率。

③推广乡村旅游文化:加强乡村旅游文化的宣传和推广,提高游客对当地文化和风土人情的认识和了解。通过文化的传播和交流,增强游客的文化认同感。

④完善基础设施:加强基础设施建设,如交通、住宿、餐饮等,提高旅游服务的品质和效率。通过完善基础设施,提升游客的旅游体验和满意度,增加重游率。

⑤与当地社区合作:与当地社区居民建立合作关系,共同参与旅游开发和管理。通过社区参与,增强当地居民对旅游业的归属感和责任感,同时为游客提供更加纯粹和真实的乡村旅游体验。

综上所述,开发地方特色旅游产品是促进乡村旅游业发展的重要手段。通过农家乐、民俗体验、特色农产品等具有地方特色的旅游产品开发,以及提高游客黏性和重游率的措施实施,可以推动乡村旅游业的可持续发展,促进当地经济社会的繁荣。

4.带动相关产业的发展

乡村旅游的发展对于带动相关产业的发展具有重要意义。下面将具体分析乡村旅游如何带动其他相关产业的发展,以及如何为当地创造更多就业机会和增加农民收入。

(1)乡村旅游的发展促进了餐饮和住宿行业的发展

随着游客数量的增加,当地的餐饮和住宿需求也随之增长。这为当地居民提供了从事餐饮和住宿服务的机会,同时也为当地创造了更多的就业机会。当地居民可以通过开设餐馆、民宿等方式,提供特色美食和优质住宿服务,吸引更多游客,从而增加收入。

（2）乡村旅游的发展推动了交通行业的发展

为了方便游客的出行,当地需要加强交通基础设施建设,提高交通服务水平。这不仅可以满足游客的出行需求,还可以为当地居民提供更加便捷的交通条件。交通的便利将进一步促进乡村旅游的发展,形成良性循环。

（3）乡村旅游的发展带动了零售业的发展

游客在当地的消费需求增加,为当地的零售业带来了商机。当地居民可以开设小型商店、特产店等,销售当地的特色商品和手工艺品,满足游客的购物需求。零售业的发展将进一步促进当地经济的发展,提高居民的收入水平。

通过以上分析可以看出,乡村旅游的发展可以带动相关产业的发展,为当地创造更多的就业机会和增加农民收入。因此,应该加强乡村旅游的宣传和推广,提高乡村旅游的知名度和吸引力,促进乡村旅游业的可持续发展。同时,政府和社会各界也应该支持相关产业的发展,提供政策扶持和资金支持,推动乡村经济的全面发展。

5. 促进农村经济多元化发展

乡村旅游的发展对促进农村经济多元化发展具有重要作用。下面将具体分析乡村旅游如何促进农村经济多元化发展,以及这种多元化发展模式如何提高农村经济的抗风险能力。

（1）乡村旅游的发展为农民提供了新的收入来源

传统的农业收入往往受到自然条件、市场价格等因素的影响,具有一定的不稳定性。而乡村旅游的发展为农民提供了更多的就业机会和收入来源,例如提供导游服务、售卖当地特色产品等。这样,农民可以获得更多的收入,提高生活水平。

（2）乡村旅游的发展促进了农村经济的多元化

除了传统的农业收入外,农村经济还可以依靠旅游业的发展获得更多的收益。例如,农民可以种植特色农作物、养殖特色动物,提供农家乐、采摘体验等服务,吸引游客前来体验和消费。这种多元化的发展模式可以降低农村经济对传统农业的依赖,提高农村经济的抗风险能力。

（3）乡村旅游的发展带动了相关产业的发展

乡村旅游发展还可以带动农村的手工业、文化创意产业等相关产业的发展。例如,当地的传统手工艺品、民俗文化等可以成为特色旅游产品,吸引游客购买。这种以旅游业为引领的多产业融合发展模式,可以进一步促进农村经济的多元化发展,提高农村经济的质量和效益。

综上所述,乡村旅游的发展对促进农村经济多元化发展具有重要意义。这种多元化的发展模式有助于提高农村经济的抗风险能力,促进农村经济的可持续发展。因此,应该加强乡村旅游的规划和开发,发挥其促进农村经济多元化发展的潜力,为农民带来更多的福祉。

6. 政策支持和培训

政策支持和培训是促进乡村旅游发展的重要因素。下面将具体分析政策支持和培训如何促进乡村旅游的发展,以及它们对农村经济多元化发展的影响。

(1)政策支持是促进乡村旅游发展的重要保障

经济管理部门可以通过制定一系列政策措施,为乡村旅游的发展提供有力的支持。例如,提供税收优惠,降低乡村旅游企业的税收负担,提高其盈利能力;提供贷款支持,帮助乡村旅游企业解决资金问题,扩大经营规模。此外,政策支持还包括基础设施建设、宣传推广等方面的支持,为乡村旅游的发展创造良好的环境和条件。

(2)培训是提高农民服务质量和经营能力的重要途径

农民是乡村旅游发展的主体,他们的服务质量和经营能力直接影响到乡村旅游的发展水平。通过培训,可以提高农民的服务意识和技能水平,使他们能够更好地满足游客的需求,提高游客满意度。同时,培训还可以帮助农民了解旅游市场的发展趋势和经营策略,提高他们的经营能力,使他们能够更好地参与市场竞争。

(3)政策支持和培训对农村经济多元化发展具有重要影响

首先,政策支持可以鼓励更多的农民参与到乡村旅游的发展中来,扩大乡村旅游的规模和影响力,从而增加农民的收入来源,提高农村经济的多元化水平。其次,培训可以提高农民的服务质量和经营能力,使他们能够更好地适应市场需求和经济发展趋势,增强农村经济的抗风险能力。

综上所述,政策支持和培训是促进乡村旅游发展的重要因素,对农村经济多元化发展具有重要影响。经济管理部门应该制定一系列政策措施,提供有力的政策支持,同时加强对农民的培训,提高他们的服务质量和经营能力。这将有助于促进乡村旅游的发展,推动农村经济多元化发展,实现农村经济的可持续发展。

7.社区参与和可持续发展

乡村旅游的发展离不开社区的参与和可持续发展。下面将具体分析社会参与和可持续发展如何影响乡村旅游发展,以及需要采取的措施。

(1)社区参与是乡村旅游发展的重要驱动力

当地居民对当地的文化和环境有着深入的了解和情感联系,他们的参与能够为游客提供更加真实、深入的旅游体验。同时,社区参与也可以为当地居民创造更多的就业机会和收入来源,提高他们的生活水平。通过参与旅游发展,当地居民可以更加积极地参与到保护当地文化和生态的行动中来,形成一种"旅游+保护"的良性循环。

(2)乡村旅游的发展需要注重可持续发展

在发展乡村旅游的过程中,必须要充分考虑环境的承载能力,避免对当地生态造成不可逆的破坏。同时,还需要关注当地文化的保护和传承,避免过度商业化和失真。可持续发展的乡村旅游能够带来长期的经济效益,增强当地社区的自我发展能力,从而实现经济、社会和环境的共赢。

为了实现社区参与和可持续发展,需要采取一系列措施。首先,政府应该制定相关政策,鼓励当地居民参与到乡村旅游的发展中来,分享旅游发展的成果。其次,应该加强对当地文化和生态的保护,制定合理的开发规划和管理制度。同时,还需要加强宣传教育,提高当地居民的环保意识和可持续发展意识。

乡村旅游的发展应注重社区参与和可持续发展。通过让当地居民参与到旅游发展中来,可以提高他们的经济收入和社会地位,增强他们对保护当地文化和生态的积极性和责任感。同时,注重可持续发展能够确保乡村旅游在长期内都能持续发展,实现经济、社会和环境的共赢。

综上所述,发展乡村旅游是促进西北地区农村经济多元化发展的有效途径。只要在保护文化和生态的基础上进行合理的开发,乡村旅游有望成为推动当地经济发展的新引擎。

5.4.3　推进绿色发展

推进绿色发展是一个非常重要的议题,它涉及加强生态环境保护和修复,以及推广清洁能源等多个方面。以下是对这个话题的详细分析和讲解。

1. 生态环境保护和修复

（1）植树造林

植树造林是提高生态环境质量的重要手段。树木可以吸收二氧化碳、释放氧气，同时还能防止水土流失、提供野生动物栖息地等。通过植树造林，可以增加森林覆盖率，提高生态系统的稳定性。

（2）水土保持

水土保持是防止土地退化的重要措施。通过修建梯田、种植植被等方式，可以减少水土流失，保护土壤肥力。这不仅有助于提高农作物的产量，还能减少河流淤积，降低洪涝灾害的风险。

（3）草原恢复

草原是重要的生态屏障。通过合理利用和管理，可以恢复草原生态，提高其生态功能。例如，限制过度放牧、推广轮牧等措施，有助于草原的自我修复和可持续发展。

2. 推广清洁能源

（1）减少环境污染

传统能源的使用往往伴随着严重的环境污染问题，如空气污染、水污染等。推广清洁能源，如太阳能、风能等，可以减少对环境的污染，保护乡村的生态环境。

（2）促进经济发展

清洁能源产业是一个新兴的产业领域，其发展可以带动相关产业链的发展，如设备制造、运营维护等。这为乡村经济发展提供了新的机遇，有助于促进就业和经济增长。

3. 绿色发展与乡村经济可持续发展

（1）生态旅游

乡村地区可以利用其独特的自然和文化资源，发展生态旅游。通过提供与自然和谐相处的旅游体验，吸引游客前来参观和休闲，从而增加经济收入。

（2）绿色农产品

推广有机农业、绿色农业等生产方式，生产无污染、高品质的农产品。这些产品往往价格较高，但市场需求也在不断增长，为农民提供了新的收入来源。

（3）绿色产业

鼓励乡村地区发展绿色产业，如生态养殖、绿色食品加工等。这些产业符合可持续发展的理念,同时也能带动乡村经济的多元化发展。

4.政策支持与公众参与

(1)政府政策支持

政府应制定相关政策,鼓励和引导乡村地区推进绿色发展。例如,提供财政补贴、税收优惠等政策措施,降低绿色发展的成本和风险。

(2)公众参与

提高乡村居民的环保意识和参与度。通过宣传教育、组织活动等方式,让居民认识到保护环境的重要性,并积极参与到绿色发展的实践中来。

5.国际合作与交流

加强与其他国家在绿色发展领域的合作与交流,引进先进的理念和技术,共同推进全球绿色发展进程

综上所述,推进绿色发展对于乡村经济的可持续发展至关重要。通过加强生态环境保护和修复、推广清洁能源等措施,可以实现经济与环境的双赢,为乡村地区带来更多的发展机遇和福祉。

5.4.4　加强政策支持

在乡村振兴和生态保护的大背景下,管理部门对西北地区乡村的支持具有重要意义。以下是对加强政策支持的详细分析和讲解。

1.政策鼓励与引导

(1)生态保护政策

管理部门应制定具体的政策,鼓励农民参与生态保护活动。例如,设立生态保护奖励机制,对积极参与生态保护的农户给予一定的补贴或奖励。这样可以激发农民的积极性,提高生态保护的效果。

(2)经济发展政策

为了促进乡村经济的发展,管理部门可以制定相关政策,引导和扶持农民开展多种经营。例如,提供小额贷款、税收减免等政策,帮助农民扩大生产规模、提高经济效益。

2.农村基础设施建设

(1)加大投入

管理部门应加大对农村基础设施建设的投入,如修建道路、改善水利设施、加强电网建设等。这些基础设施是农村经济发展的基础,能够提高农民的生产

效率和生活质量。

(2)提高生产生活条件

基础设施的完善可以改善农村的生产生活条件,提高农民的生活水平。例如,良好的道路设施可以方便农产品的运输和销售,提高农产品的市场竞争力;完善的水利设施可以保障农业生产的稳定进行。

3.多方参与与合作

(1)企业参与

鼓励企业参与乡村经济发展,与农民合作开展农业产业化经营。企业可以提供资金、技术和管理经验,与农民共同开发特色农产品,提高农产品的附加值和市场竞争力。

(2)社会资本注入

吸引更多的社会资本进入乡村地区,参与乡村建设和发展。社会资本的注入可以为乡村经济发展提供更多的资金支持,促进乡村经济的多元化和可持续发展。

4.人才培养与教育

(1)农民技能培训

加大对农民的技能培训力度,提高农民的农业生产技能和经营管理能力。通过培训,使农民掌握现代化的农业技术和经营理念,提高农业生产效益。

(2)教育资源倾斜

在教育资源分配上向西北地区乡村倾斜,提高乡村地区的教育水平。教育是人才培养的基础,通过提高教育水平,培养更多的高素质人才,为乡村经济发展提供智力支持。

5.持续关注与评估

(1)政策执行监督

建立有效的政策执行监督机制,确保支持政策的落地和实施。通过定期检查和评估政策执行情况,及时发现问题并采取措施进行整改。

(2)反馈与调整

鼓励农民和管理部门之间的沟通与反馈,根据实际情况对政策进行调整和完善。通过不断的反馈和调整,使政策更加符合实际需求,更有效地支持乡村生态保护和经济发展。

综上所述,加强政策支持是推动西北地区乡村生态保护和乡村振兴的重要手段。通过制定鼓励政策、加大基础设施建设投入、吸引多方参与、培养人才等多方面的措施，可以有效促进西北地区乡村的可持续发展。同时，建立有效的监督和反馈机制，确保政策的有效实施和不断完善。

5.4.5　培育新型经营主体

培育新型经营主体是推动农业现代化和乡村振兴的重要途径。以下是对培育新型经营主体的详细讲解和分析。

1. 专业合作社与家庭农场的优势

（1）组织化程度提高

专业合作社和家庭农场等新型经营主体能够将分散的农户组织起来，形成规模效应，提高农业的组织化程度。这有助于统一生产标准、统一销售策略，降低生产成本，提高农产品的市场竞争力。

（2）促进农业规模化、标准化和品牌化

通过新型经营主体的培育，可以实现农业的规模化经营，促进农业生产的标准化和规范化。这有利于树立农产品品牌，提升产品形象和市场影响力，进一步提高农产品的附加值和市场竞争力。

2. 引导社会资本进入农村

（1）提供资金支持

社会资本的进入可以为乡村振兴提供必要的资金支持。这些资金可以用于农业生产技术的改进、农业基础设施的建设、农产品的营销推广等方面，推动农业的转型升级。

（2）带动产业融合发展

社会资本的参与可以促进农村一、二、三产业的融合发展，推动农业与旅游、文化、教育等产业的深度融合，拓展农业的功能和价值，增加农民的收入来源。

3. 政策支持与引导

（1）提供政策扶持

政府应制定相关政策，为新型经营主体的发展提供必要的扶持。例如，提供财政补贴、税收减免、贷款优惠等政策，降低其经营成本，提高其盈利能力。

（2）加强培训与指导

政府应加大对新型经营主体的培训力度，提高其经营管理和农业生产技能。通过培训和指导,帮助其更好地适应市场需求,提高生产效益。

4.市场机制与合作共赢

(1)发挥市场机制作用

在培育新型经营主体的过程中,应充分发挥市场机制的作用。通过市场竞争,优胜劣汰,推动新型经营主体不断提高自身的经营水平和市场竞争力。

(2)合作共赢

鼓励新型经营主体与其他涉农企业、科研机构等开展合作,实现资源共享、优势互补。通过合作,提高整个产业链的协同效应,推动农业的持续健康发展。

5.持续发展与长期效益

(1)注重可持续发展

在培育新型经营主体的过程中,应注重生态保护和可持续发展。合理利用资源,推广绿色生产技术,实现农业生产的生态化、绿色化。

(2)关注长期效益

培育新型经营主体是一项长期的任务,需要持续的努力和投入。政府和社会各界应关注其长期效益,给予必要的支持和关注,确保其健康、稳定的发展。

综上所述,培育新型经营主体是推动农业现代化和乡村振兴的重要途径。通过鼓励农民成立专业合作社、家庭农场等新型经营主体,引导社会资本进入农村,提供政策支持等措施,可以有效促进农业的规模化、标准化、品牌化发展,提高农产品市场竞争力,为乡村振兴提供有力支持。同时,应注重可持续发展和长期效益,确保农业的长期健康发展。

5.4.6 加强人才培养

加强人才培养是实现乡村振兴的关键因素之一。以下是对加强人才培养的详细讲解和分析。

1.教育和培训的重要性

(1)提高农民的文化素质和技能水平

通过对农民进行教育和培训,可以提高他们的文化素质和技能水平,使其更好地适应现代农业发展的需求。这有助于提高农业生产效率,增加农产品的附加值,提升农民的收入水平。

(2)培养新型职业农民

通过教育和培训,可以培养出一批新型职业农民,他们具备专业的农业知识和技能,能够从事现代农业生产经营活动。这为乡村振兴提供了人才保障,推动了农业的现代化进程。

2. 开展职业培训和科普活动

(1)职业培训

政府和社会组织应开展针对农民的职业培训,内容涵盖现代农业技术、农业经营管理、农产品营销等方面。通过系统的培训,使农民掌握实用的农业技能,提高其就业能力和创业能力。

(2)科普活动

组织科普活动,向农民普及科学知识,提高其生态保护意识。通过科普活动,让农民了解农业可持续发展的重要性,推广绿色生产技术,促进农业的生态化发展。

3. 吸引人才参与乡村振兴

(1)返乡创业人员

鼓励和引导有意愿、有能力的人才返乡创业,为西北地区乡村振兴注入新的活力。政府应制定相关政策,为返乡创业人员提供必要的支持和保障,如提供创业资金、税收优惠、土地租赁等。

(2)外部人才引进

吸引外部人才参与西北地区乡村振兴,包括农业技术专家、企业管理者、市场营销人员等。通过引进外部人才,可以带来新的思路、新的技术和新的管理模式,推动农业和农村的转型升级。

4. 人才培养的策略与措施

(1)完善教育体系

加强农村地区的基础教育,提高教育质量,为农民提供更好的教育资源。同时,发展职业教育和成人教育,满足农民多样化的学习需求。

(2)激励机制

建立人才培养的激励机制,鼓励农民主动学习和提升自身能力。对于在教育和培训中表现优秀的人员,给予适当的奖励和荣誉,激发其学习热情。

(3)产学研结合

加强与企业、高校和科研机构的合作,开展产学研结合的人才培养模式。通过与产业界的合作,使人才培养更加贴近实际需求,提高人才的实用性和竞争力。

5. 长期效益与持续发展

（1）人才培养的长期效益

加强人才培养是一项长期的任务，需要持续的努力和投入。通过教育和培训，培养出具备高素质和技能的人才，为乡村振兴提供持续的人才支持。

（2）持续发展的保障

建立健全人才培养的机制和体系，确保人才培养工作的持续发展。政府和社会各界应关注人才培养的长期效益，给予必要的支持和关注，确保其健康、稳定的发展。

综上所述，加强人才培养是实现乡村振兴的关键因素之一。通过教育和培训提高农民的文化素质和技能水平，开展职业培训和科普活动培养新型职业农民，吸引返乡创业人员和外部人才参与乡村振兴等措施，可以为西北地区乡村振兴注入新的活力和动力。同时，应注重长期效益和持续发展，确保人才培养工作的有效性和可持续性。

5.4.7 创新体制机制

创新体制机制是实现乡村振兴的重要保障。以下是对创新体制机制的详细讲解和分析。

1. 建立健全乡村振兴的体制机制

（1）完善法律法规和规章制度

制定和完善与乡村振兴相关的法律法规和规章制度，为乡村振兴提供法制保障。确保乡村振兴的各项工作有法可依，规范相关主体的行为，保障农民的合法权益。

（2）明晰产权制度

改革农村产权制度，明晰农村土地、林地、水面等资源的产权归属，激发农民和各类市场主体的积极性。通过产权制度的改革，促进资源的合理配置和有效利用。

2. 创新投融资机制

（1）拓宽融资渠道

创新投融资机制，吸引更多的资金投入乡村振兴。政府应制定相关政策，鼓励金融机构为乡村振兴提供贷款支持，同时引导社会资本参与乡村振兴项目。

（2）优化资金使用

加强对资金的监管,确保资金的有效使用。建立科学的项目评估和资金使用绩效评价体系,提高资金的使用效益,确保每一分投入都能产生实际效益。

3. 加强与周边地区的合作与交流

（1）资源共享

加强与周边地区的合作,实现资源共享。通过合作,可以充分利用各自的优势资源,共同推进乡村振兴。例如,在农业技术、市场开发、旅游资源等方面进行合作,实现互利共赢。

（2）优势互补

不同地区在乡村振兴方面可能面临不同的问题和挑战,但也可能拥有各自的优势和特长。通过加强交流与合作,可以相互借鉴、取长补短,共同提高乡村振兴的水平。

4. 体制机制创新的意义与价值

（1）提供制度保障

通过体制机制的创新,为乡村振兴提供制度保障。在完善的法律法规和规章制度的支持下,各项工作能够更加有序、规范地推进,确保乡村振兴的顺利实施。

（2）激发社会活力

体制机制的创新可以激发社会各界的活力,鼓励更多的市场主体和社会力量参与乡村振兴。这有助于形成多元化的投入格局,为乡村振兴注入更多的资源和动力。

5. 持续改进与完善

（1）动态调整

随着乡村振兴工作的深入推进,应不断总结经验教训,对体制机制进行动态调整和完善。针对实践中出现的新问题、新挑战,及时调整政策措施,确保体制机制始终能够适应乡村振兴的需求。

（2）持续创新

鼓励在体制机制方面进行持续创新,探索更加有效的路径和方法。通过不断的创新和尝试,不断完善体制机制,为乡村振兴提供更有力的保障。

创新体制机制是实现乡村振兴的重要保障。建立健全相关体制机制、创新投融资机制、加强与周边地区的合作与交流等措施,可以为乡村振兴提供制度保障和支持。同时,应注重持续改进和完善体制机制,确保其始终能够适应乡村振兴的需求和发展。

综上所述,中国西北地区乡村依托生态保护实现乡村振兴需要多方面的努力和探索。通过培育生态农业、发展乡村旅游、推进绿色发展、加强政策支持、培育新型经营主体、加强人才培养和创新体制机制等方面的措施,可以促进西北地区乡村经济的可持续发展和乡村振兴的实现。

第6章 西北地区乡村振兴的策略与建议

中国西北地区拥有丰富的自然资源和深厚的文化底蕴,但长期以来,由于地理、历史等多种原因,该地区的经济发展相对滞后,乡村振兴任务艰巨。随着国家对乡村振兴战略的重视和政策支持力度的加大,西北地区迎来了重要的历史机遇。如何依托生态保护,实现乡村振兴,成为摆在我们面前的重要课题。本文将围绕中国西北地区乡村振兴的策略与建议展开探讨,以期为该地区的可持续发展提供有益的参考。

中国西北地区乡村振兴需要多方面的努力和探索。通过培育生态农业、发展乡村旅游、加强基础设施建设、培育新型经营主体、加强人才培养与引进和创新体制机制等方面的措施,可以促进西北地区乡村经济的可持续发展和乡村振兴的实现。

6.1 加强政策引导,完善制度保障

加强政策引导,完善制度保障是中国西北地区乡村振兴的重要策略之一。以下是针对该策略的详细解读和分析。

6.1.1 加强政策引导

1. 制定专项扶持政策

为了推动西北地区的乡村振兴,经济发展管理部门可以采取一系列措施来吸引社会资本和人才参与。以下是对这些措施的详细分析和建议。

(1)制定专门的乡村振兴扶持政策

①财政支持政策:设立乡村振兴专项资金,为西北地区的乡村发展提供财政支持。这可以包括基础设施建设、农业技术推广、农村电商发展等方面的投入。

②金融扶持政策:引导金融机构为乡村振兴项目提供贷款支持,降低贷款利率,简化贷款审批流程。同时,鼓励社会资本参与乡村投资,为投资者提供政策保障和风险分担机制。

③土地流转政策:完善土地流转制度,允许土地适度集中,促进农业规模化经营。同时,为土地流转提供政策指导和法律保障,确保农民的合法权益不受侵害。

(2)培育和支持新型经营主体

①培育新型农业经营主体:鼓励和支持农民成立专业合作社、家庭农场等新型农业经营主体,提高农业组织化程度。为他们提供培训、指导和资金支持,增强其市场竞争力。

②技术支持与创新:加大对农业科技创新的投入,推广先进的农业技术和装备,提高农业生产效率。同时,鼓励新型经营主体与科研机构、高校等进行合作,推动农业技术创新和成果转化。

③产销对接与品牌建设:建立农产品销售平台,促进产销对接。鼓励新型经营主体打造特色农产品品牌,提高产品附加值和市场知名度。通过举办农产品展销会等活动,扩大品牌影响力。

(3)吸引社会资本和人才参与

①优化投资环境:加强基础设施建设,改善乡村投资环境,降低投资门槛,为社会资本进入创造有利条件。

②优惠政策与激励措施:为投资乡村振兴项目的企业提供税收减免、贷款贴息等优惠政策,激发其投资热情。同时,为优秀人才提供奖励和荣誉,吸引更多人才参与西北地区的乡村振兴工作。

③合作与交流:与其他国家或地区的相关机构进行合作与交流,引进先进的乡村振兴经验和模式。通过合作项目和经验分享,促进西北地区乡村振兴工作的快速发展。

综上所述,通过制定专门的乡村振兴扶持政策、培育和支持新型经营主体以及吸引社会资本和人才参与等措施的实施,西北地区可以有效地推动乡村振兴工作的开展。这将有助于改善农村生产生活条件、增加农民收入、促进城乡一体化进程,最终实现经济、社会和环境的共赢。

2. 加强产业引导

针对西北地区的资源禀赋和发展特点,经济发展管理部门采取了一系列措施来引导农业产业结构调整,促进乡村经济的多元化发展。以下是对这些措施的详细分析和建议。

(1)农业产业结构调整

①地方特色农产品产业:根据西北地区的气候、土壤和市场需求,选择适合当地种植的特色农产品,如有机果蔬、中草药、特色畜牧产品等。通过政策扶持和技术支持,发展具有市场竞争力的地方特色农产品产业。

②农业产业链延伸:鼓励农民向产业链上游和下游延伸,发展农产品加工、储存、运输等业务。这不仅可以增加农产品的附加值,还可以提高农民的收入水平,促进农业的转型升级。

(2)企业投资与产业融合

①企业投资引导:通过优惠政策、资金扶持等手段,鼓励企业加大对农村产业的投资力度。包括投资农业科技、建设农产品加工基地、开发乡村旅游资源等。企业的参与将为乡村经济发展注入新的活力。

②一、二、三产业融合发展:促进农业与二、三产业的融合,形成产业链的良性互动。例如,将农业与乡村旅游、文化创意、健康养生等产业相结合,打造乡村旅游胜地、健康养生基地等,实现产业的互补和共赢。

③创新业态模式:鼓励农民和企业在实践中探索新的业态模式,如共享农业、定制化农业等。通过创新提高农业的效益和市场竞争力。

(3)产业引导与乡村经济多元化

①产业规划与布局:根据西北地区的资源优势和市场需求,制定科学的产业规划,优化产业布局。通过合理的资源配置,避免盲目发展和同质化竞争。

②人才培养与引进:加强对农民的培训和教育,提高其技能水平和市场意识。同时,引进外部人才,为乡村经济发展提供智力支持。

③品牌建设与市场推广:鼓励企业和农民树立品牌意识,打造具有地方特色的农产品品牌。通过举办农产品展销会、参加国际国内展览等方式,提高品牌知名度和市场占有率。

④政策扶持与监管:制定完善的政策体系,为乡村经济发展提供政策保障。

同时,加强对产业发展的监管,确保产业的健康有序发展。

综上所述,经济发展管理部门通过引导农业产业结构调整、鼓励企业投资和产业融合发展等措施的实施,促进了西北地区乡村经济的多元化发展。这将有助于提高农民的生活水平、促进城乡一体化进程以及推动整个地区的经济繁荣。

3. 推进城乡统筹发展

在推动经济发展的过程中,城乡统筹发展是一个至关重要的环节。城乡差距不仅影响经济的均衡发展,还关系到社会的公平与和谐。因此,经济发展管理部门应当采取有效措施,加强城乡统筹发展,以实现经济的全面进步。

城乡基础设施建设和公共服务均等化是促进城乡统筹发展的关键。要实现城乡基础设施建设和公共服务的均等化,需要采取一系列措施。

(1)制定科学的城乡发展规划

在规划阶段应充分考虑城乡发展的需要,合理布局基础设施和公共服务设施,确保城乡居民能够公平地享受到基本公共服务。

(2)加强政策引导和资金支持

通过制定优惠政策、设立专项资金等方式,鼓励企业和个人参与农村基础设施建设与公共服务提升。

(3)创新体制机制

打破城乡分割的体制障碍,推动城乡资源的合理配置和流动。例如,鼓励城市优质资源向农村延伸,推动城乡教育、医疗等领域的合作。

(4)提升农民参与度

在项目规划和实施过程中,充分听取农民的意见和建议,让他们成为发展的主体和受益者。

(5)建立监测评估机制

对城乡统筹发展进行定期监测和评估,确保各项政策措施落到实处,并及时调整和完善相关政策。

综上所述,经济发展管理部门应当加强城乡统筹发展,通过加快推进城乡基础设施建设和公共服务均等化,提升乡村整体品质,增强农民的获得感和幸福感。这不仅是经济发展的需要,更是社会公平与和谐的必然要求。

4. 加强科技创新

经济发展管理部门在推动农业科技创新方面具有重要作用。科技创新是推动农业现代化、提高农业生产效率和产品质量的关键。

为了实现科技创新,经济发展管理部门可以采取以下措施:

(1)制定农业科技创新政策

制定一系列鼓励农业科技创新的政策措施,如提供财政补贴、税收减免等,以激发企业和科研机构开展农业科技研发的积极性。

(2)引进先进技术和设备

引进先进技术和设备是提高农业生产效率的重要途径。通过引进现代化的农业机械、智能化的农业生产管理系统等技术手段,可以实现农业生产的高效化和精细化。

(3)加强与高校和科研机构的合作

建立产学研合作机制,推动高校和科研机构与企业的深度合作。通过合作,可以实现资源共享、优势互补,加速农业科技创新的进程。

(4)建设农业科技园区

在农业科技园区内聚集各类创新资源,打造农业科技创新的孵化器和加速器。园区可以为企业和科研机构提供良好的创新环境和公共服务,促进科技成果的转化和应用。

(5)培养农业科技人才

加大对农业科技人才培养的投入,通过设立奖学金、举办培训班等方式,提高农业从业人员的科技素质和创新意识。同时,吸引更多的高素质人才投身于农业科技创新事业。

(6)建立农业科技评价体系

建立科学的农业科技评价体系,对农业科技创新成果进行评估和推广。通过评价体系的引导,可以促进农业科技创新的健康发展和应用。

综上所述,经济发展管理部门应加大对农业科技创新的支持力度,鼓励企业和科研机构开展农业科技研发和应用推广工作。通过引进先进技术和设备、加强与高校和科研机构的合作、培养农业科技人才等措施,提高农业生产效率和产品质量,推动农业现代化发展。这不仅可以增加农民的收入和生活水平,还可以为国家的经济发展注入新的活力。

6.1.2 完善制度保障

1. 完善产权制度

经济发展管理部门在农村经济发展中扮演着重要的角色,其中,完善农村产权制度是促进农村经济发展的关键措施之一。

为了完善产权制度,经济发展管理部门可以采取以下措施。

(1) 制定农村产权制度改革方案

在深入调研的基础上,制定符合当地实际的农村产权制度改革方案,明确改革的目标、原则和措施。农村土地所有权、承包权和使用权的权属关系是完善农村产权制度的基础。在现有的农村土地制度下,土地所有权归集体所有,承包权归农户所有,而使用权则可以流转。

(2) 建立土地流转平台

建立规范的土地流转机制是促进土地资源化配置和高效利用的重要手段,可以通过建立土地流转平台,提供土地流转信息发布、交易撮合等服务,促进土地资源的合理流动和优化配置。

(3) 完善土地流转程序

制定规范的土地流转程序,明确流转的条件、方式和程序,保障土地流转的公平、公正和合法。

(4) 加强对农村集体资产的管理和监督

农村集体资产包括集体所有的土地、山林、水面等资源以及集体经济组织的资产。建立健全的集体资产管理制度和监督机制,确保集体资产的保值增值和合理利用。同时,加强对农村财务的审计和公开,防止集体资产流失。

(5) 促进农业规模化经营和现代化发展

通过政策引导和资金支持等手段,鼓励农业规模化经营和现代化发展,提高农业生产效率和农民收入水平。

综上所述,经济发展管理部门应进一步完善农村产权制度,通过明确农村土地所有权、承包权和使用权的权属关系、建立规范的土地流转机制、加强对农村集体资产的管理和监督等措施,促进土地资源的优化配置和高效利用。这不仅可以增加农民的收入和生活水平,还可以为国家的经济发展注入新的活力。

2. 创新投融资机制

经济发展管理部门在推动农村经济发展中,需要关注投融资机制的创新,以拓宽农村融资渠道,为乡村振兴提供充足的资金支持。然而,引入金融机构和社会资本的同时,也需要建立健全的风险防控机制。

为了实现创新投融资机制,经济发展管理部门可以采取以下措施。

(1)制定投融资政策

制定符合当地实际的投融资政策,鼓励金融机构和社会资本进入农村市场。

(2)建立多元化的融资渠道

创新投融资机制是拓宽农村融资渠道的关键。传统的农村融资渠道相对单一,主要依靠银行贷款。然而,随着乡村振兴战略的深入推进,农村对资金的需求日益增长,单纯依靠银行贷款已无法满足需求。因此,创新投融资机制,引入多元化的资金来源成为必要。除了银行贷款外,还可以探索其他融资方式,如股权融资、债券发行等。

(3)加强与金融机构的合作

与各类金融机构建立合作关系,引导资金流向乡村振兴项目。引入金融机构和社会资本是创新投融资机制的重要手段。通过引导更多的金融机构进入农村市场,可以增加农村融资渠道的多样性,提高融资效率。同时,社会资本的参与可以为乡村振兴项目提供更多的资金支持。例如,可以通过设立乡村振兴投资基金、发行债券等方式吸引社会资本。

(4)建立健全的风险防控机制

农村金融市场相对不成熟,存在一定的风险。为了确保金融市场的稳定运行,必须加强风险防控,制定完善的风险管理制度和监管措施。

(5)提升农村金融服务的可及性

优化农村金融服务网络,提高金融服务在农村地区的覆盖率和便利性。

综上所述,经济发展管理部门应创新投融资机制,通过引入金融机构和社会资本、建立多元化的融资渠道、加强与金融机构的合作、建立健全的风险防控机制等措施,为乡村振兴提供充足的资金支持。这不仅可以促进农村经济的持续发展,还能为农民创造更多就业机会和收入来源。

3. 健全法律体系

为了规范农村市场秩序和生产经营行为,保障农民的合法权益和市场公平竞争环境,经济发展管理部门需要采取一系列措施来健全相关法律法规和规章制度。以下是对这一问题的详细讲解和分析。

（1）制定和完善相关法律法规是基础

法律法规是维护市场秩序和公平竞争的基石。经济发展管理部门应与立法机构合作,制定符合农村实际情况的法律法规,明确市场主体权利义务,规范市场行为。同时,应确保法律法规的执行力度,避免出现"有法不依、执法不严"的情况。

（2）加强执法力度是关键

有了健全的法律法规,还需要强有力的执法来保障实施。经济发展管理部门应设立专门的执法机构或委托第三方机构进行监管,加强对农村市场的执法力度。对于发现的违法行为,应依法严肃处理,起到震慑作用。同时,应建立投诉举报机制,鼓励农民和其他市场主体积极举报违法行为。

（3）加强对违法行为的惩处力度

对于违反法律法规的行为,应依法进行惩处,不仅要追究直接责任人的法律责任,还要对相关责任主体进行处罚。这样可以提高违法成本,降低违法行为的概率。

（4）建立信用体系

通过建立信用评价体系和信用档案,对市场主体进行信用评级,鼓励守信行为,惩戒失信行为。

（5）推广标准化生产

鼓励农民采用标准化生产方式,提高农产品质量安全水平,增强市场竞争力。

（6）加强教育培训

对农民和市场主体进行法律法规和业务知识培训,提高其守法意识和业务素质。

（7）建立信息共享平台

通过建立信息共享平台,加强部门间信息沟通与协作,提高监管效率。

（8）发挥行业协会作用

引导和支持农村行业协会的发展,发挥其在行业自律、标准制定等方面的作用。

综上所述,经济发展管理部门应通过健全相关法律法规和规章制度、加强执法力度、加大对违法行为的惩处力度、建立信用体系、推广标准化生产、加强教育培训、建立信息共享平台、发挥行业协会作用等措施,规范农村市场秩序和生产经营行为。这有利于维护农民的合法权益和市场公平竞争环境,促进农村经济的健康发展。

4. 加强组织领导

乡村振兴战略是习近平同志 2017 年 10 月 18 日在党的十九大报告中提出的战略。十九大报告指出,农业农村农民问题是关系国计民生的根本性问题,必须始终把解决好"三农"问题作为全党工作的重中之重,实施乡村振兴战略。各级政府应加强对乡村振兴的组织领导和协调配合工作。组织领导机构负责制定乡村振兴战略规划和年度计划,明确各部门职责和工作任务;协调配合部门包括农业、财政、国土资源、水利、环保等。通过成立专门的工作领导小组或机构,明确各部门职责和工作任务,形成合力推动乡村振兴战略的实施。

5. 强化考核评估

经济发展管理部门将乡村振兴战略纳入绩效考核指标体系,是对乡村振兴工作的重要推动和保障。这一举措有利于激发各级政府部门和广大乡村地区的积极性和创造力,共同推进乡村振兴战略的实施。

绩效考核指标体系的建立,需要充分考虑乡村振兴工作的特点和要求,科学合理地设置各项考核指标,确保考核结果能够真实反映各地乡村振兴工作的实际情况。例如,可以从产业兴旺、生态宜居、乡风文明、治理有效、生活富裕等方面制定具体考核指标,并对各项指标进行量化和标准化。

在考核评估过程中,经济发展管理部门应采取多种方式进行评估,包括实地考察、数据分析和群众满意度调查等。通过对考核结果进行深入分析和研究,可以发现各地在实施乡村振兴战略中存在的问题和不足,从而采取有效措施加以改进和完善。例如,对于产业发展的瓶颈问题,可以采取引进先进技术、加强人才培养等措施加以解决;对于生态环境保护问题,可以加大投入力度、加强监管等措施加以改善。

总之,将乡村振兴战略纳入绩效考核指标体系中来,有利于推动各地乡村振兴工作的深入开展,促进乡村经济社会的全面发展和进步。同时,也需要不断完善考核评估机制,确保考核结果客观公正、科学合理,为乡村振兴战略的实施提供有力支撑。

综上所述,加强政策引导和完善制度保障是实现中国西北地区乡村振兴的重要举措之一。通过制定专项扶持政策、加强产业引导、推进城乡统筹发展、加强科技创新以及完善产权制度、创新投融资机制、健全法律体系、加强组织领导和强化考核评估等方式的综合措施,可以为西北地区的乡村振兴注入新的动力和活力。

6.2 优化资源配置,促进产业融合发展

优化资源配置,促进产业融合发展是中国西北地区乡村振兴的重要策略之一。以下是针对该策略的详细解读和分析。

6.2.1 优化资源配置

1.土地资源利用

经济发展管理部门加强对农村土地资源的保护和管理,是推进乡村振兴和农业现代化的重要举措。以下是对这一内容的详细讲解和分析。

(1)农村土地资源的重要性

农村土地资源是农业生产和农村发展的基础,也是农民的重要财产。保护和管理好农村土地资源,对于保障粮食安全、促进农业增效和农民增收、推动农村可持续发展具有重要意义。

(2)推进土地流转和规模化经营

随着城市化进程的加速和农业人口的转移,土地流转和规模化经营成为必然趋势。经济发展管理部门应积极引导和推进土地合理流转,鼓励农业企业、农民专业合作社等新型经营主体参与规模化经营,提高土地利用效率和产出效益。

(3)引入农业企业和社会资本

通过引入农业企业和社会资本,可以带来先进的生产技术和管理经验,促进农业现代化水平的提升。同时,社会资本的参与也有助于解决农村融资难、融资贵的问题,为农村经济发展注入新的活力。

(4)加强农田水利设施建设和耕地质量提升

农田水利设施是农业生产的基础设施,直接关系到粮食生产和农业效益。经济发展管理部门应加大对农田水利设施建设的投入,提高农田水利设施的覆盖率和使用效率。同时,要重视耕地质量的提升,通过加强土壤改良、提高地力等方式,保障粮食生产的可持续性。

(5)保障粮食安全

粮食安全是国家安全的重要组成部分,也是农业生产的首要任务。经济发

展管理部门应加大对粮食生产的支持力度,通过政策引导、资金扶持等方式,鼓励农民扩大种植面积、提高单产,确保粮食供应的稳定性和安全性。

总之,加强对农村土地资源的保护和管理,推进土地流转和规模化经营,是实现乡村振兴和农业现代化的关键。经济发展管理部门应采取切实有效的措施,保障粮食安全,促进农业增效和农民增收,推动农村经济的持续健康发展。

2.人力资源开发

经济发展管理部门加大对农村人力资源的开发力度,对于推动乡村经济发展和促进农民增收具有重要意义。以下是对这一内容的详细讲解和分析。

(1)农村人力资源的重要性

农村人力资源是乡村振兴的核心力量,其素质和能力直接关系到农村经济发展的质量和效益。提高农民的文化素质和技能水平,有助于增强其就业创业能力和市场竞争力,为乡村经济发展注入新的活力。

(2)开展职业培训和技术推广

职业培训和技术推广是提高农民技能水平的有效途径。经济发展管理部门应加大对农民职业培训的投入,开展针对性强的培训课程,提高农民的就业技能和创业能力。同时,应积极推广先进的农业技术和管理经验,帮助农民掌握现代化的农业生产方式,提高农业生产效益。

(3)培养新型农民

新型农民是现代农业发展的主体力量,具备较高的文化素质、技术能力和经营理念。经济发展管理部门应加大对新型农民的培养力度,鼓励和支持大学生返乡创业,为乡村经济发展提供人才支撑。同时,应注重培养农民的市场意识和品牌意识,提升农产品的附加值和市场竞争力。

(4)鼓励农民工返乡创业就业

随着城市化进程的加速,大量农民工涌入城市,导致农村劳动力流失严重。鼓励农民工返乡创业就业,不仅可以缓解城市就业压力,还能为乡村经济发展注入新的活力。经济发展管理部门应制定相关政策措施,为返乡创业的农民工提供资金、技术、税收等方面的支持,激发其创业热情和创造力。

(5)提升农民文化素质

除了技能培训,农民的文化素质也是影响乡村经济发展的重要因素。经济发展管理部门应加大对农村基础教育的投入,提高农民的文化素质和知识水平。同时,应加强农村公共文化服务体系建设,丰富农民的精神文化生活,提高其综合素质。

总之,加大对农村人力资源的开发力度,提高农民的文化素质和技能水平,是推动乡村经济发展的关键所在。经济发展管理部门应采取切实有效的措施,培养新型农民、鼓励农民工返乡创业就业、提升农民文化素质,为乡村经济的持续健康发展提供有力的人才保障。

3. 资金资源整合

经济发展管理部门在实施乡村振兴战略的过程中,需要统筹整合各类涉农资金,集中力量支持农村发展。以下是对这一内容的详细讲解和分析。

(1) 统筹整合涉农资金

涉农资金种类繁多,包括财政资金、信贷资金、社会资本等。经济发展管理部门应加强与相关部门的协调合作,对各类涉农资金进行统筹整合,形成合力,集中用于支持乡村振兴战略的实施。这有助于避免资金分散和浪费,提高资金使用效益。

(2) 集中支持乡村振兴

乡村振兴战略涵盖了农村发展的各个方面,包括农业现代化、农村基础设施建设、生态环境保护、农民增收等。经济发展管理部门应将统筹整合后的涉农资金集中用于这些重点领域和关键环节,确保乡村振兴战略的顺利实施。

(3) 建立多元化融资渠道

除了政府财政资金,还需要吸引更多的社会资本参与农村发展。经济发展管理部门应积极探索多元化的融资渠道,如 PPP 模式(政府和社会资本合作)、股权投资、债券发行等,吸引企业、金融机构等参与农村基础设施建设和发展。这有助于拓宽融资来源、减轻政府财政压力,促进农村经济的可持续发展。

(4) 建立健全风险防控机制

在吸引社会资本参与农村发展的过程中,需要建立健全风险防控机制,确保农村金融市场的稳定运行。经济发展管理部门应加强对融资项目的监管和评估,防范化解金融风险,保障投资者的合法权益。同时,应完善相关法律法规和政策体系,为农村金融市场的健康发展提供有力保障。

总之,经济发展管理部门应统筹整合各类涉农资金,集中用于支持乡村振兴战略的实施。通过建立多元化的融资渠道和建立健全风险防控机制,吸引更多的社会资本参与农村发展,为乡村经济的持续健康发展注入新的动力。

6.2.2　促进产业融合发展

1. 推动农业与加工业融合发展

在乡村振兴战略的实施过程中,经济发展管理部门需要引导农业产业结构调整,促进农村产业的融合发展,提高农民收入。以下是对这一内容的详细讲解和分析。

(1)引导农业产业结构调整

针对不同地区的资源禀赋和比较优势,经济发展管理部门应制定相应的农业产业结构调整政策,引导农民调整种植结构,发展具有地方特色的农产品。同时,应注重培育新型农业经营主体,提高农业的组织化程度和市场化能力。

(2)发展农产品加工产业

农产品加工是延长产业链、提高附加值的重要途径。经济发展管理部门应鼓励和支持农民合作组织、龙头企业等加大对农产品加工产业的投资力度,开发具有地方特色的农产品加工品,提高农产品的附加值和市场竞争力。

(3)引进先进技术和设备

提高农业生产效率和产品质量是农业现代化的重要内容。经济发展管理部门应积极引进国内外先进的农业技术和设备,推广应用智能化、机械化的农业生产方式,降低生产成本,提高农产品的品质和市场竞争力。

(4)推动农村一、二、三产业融合发展

一、二、三产业融合发展是促进农村产业升级和增加农民收入的有效途径。经济发展管理部门应鼓励企业通过技术渗透、产业融合等方式,将先进的工业技术和现代经营理念引入农业领域,推动农业与旅游、文化、教育等产业的深度融合,形成多业态的农村产业新格局。

(5)延长产业链条

延长产业链条是增加农产品附加值的关键措施。经济发展管理部门应鼓励企业开发农产品深加工产品,提高农产品的加工转化率和附加值。同时,应加强农产品品牌建设和营销推广,提高农产品的知名度和美誉度,增强市场竞争力。

(6)增加农民收入

乡村振兴的最终目的是增加农民收入,提高农民生活水平。经济发展管理部门应加强对农民的培训和教育,提高农民的素质和就业能力,拓宽农民增收渠道。同时,应完善农村社会保障体系,减轻农民负担,保障农民的基本生活需求。

综上所述,经济发展管理部门在乡村振兴战略中需要发挥引导作用,通过调整农业产业结构、发展农产品加工产业、引进先进技术和设备、推动产业融合发展、延长产业链条等措施,促进农村产业的升级和转型,提高农民收入和生活水平。

2. 发展乡村旅游产业

西北地区拥有丰富的自然风光和人文资源,为乡村旅游提供了得天独厚的条件。为了充分利用这些优势,经济发展管理部门需要采取一系列措施来促进乡村旅游业的发展。

(1)农家乐和民宿是乡村旅游的重要组成部分

农家乐和民宿是乡村旅游的重要组成部分,它们不仅能够为游客提供舒适的住宿环境,还能让游客深入体验当地的风土人情。因此,经济发展管理部门应鼓励和引导农民和企业投资建设农家乐和民宿,提供多样化的住宿选择,满足不同游客的需求。同时,这些项目还能带动餐饮、交通等相关产业的发展,增加就业机会,促进当地经济的繁荣。

(2)乡村旅游品牌建设是提升市场竞争力的重要手段

西北地区的自然风光和人文资源具有独特性和稀缺性,是打造品牌的优势所在。经济发展管理部门应加强对这些资源的保护和传承,通过制定相关政策和标准,确保乡村旅游的可持续发展。同时,管理部门还应组织开展宣传推广活动,提高西北地区乡村旅游的知名度和美誉度,吸引更多游客前来体验和消费。

(3)服务质量是影响游客满意度和忠诚度的关键因素

经济发展管理部门应加强对乡村旅游从业人员的培训和管理,提高他们的服务意识和技能水平。通过建立有效的监督机制和服务质量评估体系,确保游客在西北地区的乡村旅游中能够享受到优质的服务和愉快的体验。

综上所述,经济发展管理部门在西北地区乡村旅游发展中发挥着至关重要的作用。为了充分利用自然风光和人文资源优势,促进当地经济的繁荣和发展,经济发展管理部门需要采取一系列措施来推动农家乐和民宿等项目建设、加强品牌建设和提升服务质量。只有这样,才能提高游客满意度和市场竞争力,实现乡村旅游的可持续发展。

3. 加强农业科技创新

经济发展管理部门在农业科技创新方面承担着重要的职责。农业作为国家的支柱产业,其发展对于保障粮食安全、促进农民增收和推动农村经济发展具有重要意义。因此,加大农业科技创新的支持力度,对于提升农业整体实力和竞争力具有至关重要的作用。经济发展管理部门需采取一系列措施加强农业科技创新。

(1)积极鼓励企业和科研机构开展农业科技研发和应用推广

经济发展管理部门应积极鼓励企业和科研机构开展农业科技研发和应用推广工作。通过制定相关政策和措施,引导和激励企业加大农业科技研发投入,推动科技成果的转化和应用。同时,与科研机构建立紧密的合作关系,共同开展农业科技研究和创新,提高农业科技的整体水平。

(2)引进先进技术和设备是提高农业生产效率和产品质量的重要手段

经济发展管理部门应积极引进国内外先进的农业技术和设备,加强技术交流和合作,推动农业生产向智能化、精细化方向发展。这不仅可以提高农业生产效率,降低成本,还能提升农产品的品质和附加值,增强市场竞争力。

(3)培养高素质的农业科技人才是推动农业科技创新的关键

经济发展管理部门应加强与高校和科研机构的合作,共同培养具备创新能力和实践经验的农业科技人才。通过建立完善的人才培养和激励机制,吸引更多的优秀人才投身于农业科技创新事业,为农业发展提供强有力的人才保障。

综上所述,经济发展管理部门应加大对农业科技创新的支持力度,鼓励企业和科研机构开展农业科技研发和应用推广工作。通过引进先进技术和设备,提高农业生产效率和产品质量。同时,加强与高校和科研机构的合作,培养一批高素质的农业科技人才。这些措施将有助于提升农业整体实力和竞争力,推动农业可持续发展,为国家的经济社会发展做出更大的贡献。

4. 拓展农业服务领域

为了进一步促进农业的发展,提高农业生产效率和农民收入,经济发展管理部门在农业服务领域的拓展和农业社会化服务体系的建设方面扮演着重要的角色。需采取一系列措施拓展农业服务领域。

(1)积极培育和引导专业化的服务组织和企业

经济发展管理部门应积极培育和引导专业化的服务组织和企业,为农户提供全方位、一体化的农业服务。这些服务组织和企业可以针对农户的需求,提供从农资供应、农机作业、病虫害防治到产品销售等全过程的综合服务。通过集中采购、统一配送等方式,降低农户的生产成本;通过科学种植、合理施肥等措施,提高农业生产效益;通过市场调研、产品营销等方式,帮助农户解决产品销售问题,降低经营风险。

(2)加强与各类组织和企业之间的合作与交流

经济发展管理部门应加强与各类服务组织和企业之间的合作与交流,推动资源共享和优势互补。通过建立合作机制和信息平台,促进服务组织和企业之间的信息传递和业务合作,提高服务质量和效率。同时,加强对服务组织和企业的监管和评估,确保服务质量和社会效益。

(3)加大对农服务领域的投资力度

经济发展管理部门应加大对农业服务领域的投资力度,推动农业社会化服务体系的不断完善。通过制定优惠政策、设立专项资金等方式,鼓励更多的社会资本投入农业服务领域,推动农业服务的专业化、市场化和社会化。

综上所述,经济发展管理部门在拓展农业服务领域和推进农业社会化服务体系建设方面具有重要的作用。通过培育专业化的服务组织和企业,提供全方位的综合服务,降低农户的生产成本和经营风险,提高农业生产效率和农民收入,推动农业的可持续发展。同时,要加强与各类服务组织和企业间的合作交流,加大对农业服务领域的投资力度,助推农业高质量发展。

5. 推进城乡融合发展

经济发展管理部门在推动城乡融合发展方面具有重要职责,城乡融合发展对于实现经济社会的持续健康发展具有重要意义。需采取一系列措施推进城乡融合发展。

(1)加强城乡基础建设

经济发展管理部门应加大对城乡基础设施建设的投入,推动城乡基础设施的互联互通和一体化发展,包括交通、水利、能源、通讯等方面的基础设施建设。通过改善农村地区的基础设施条件,提高农村的生产生活水平,缩小城乡差距。

(2)推动城乡公共服务均等化

经济发展管理部门应推动城乡公共服务均等化,提高农村地区的公共服务水平,包括教育、医疗、文化、体育等方面的公共服务。通过加强农村地区的公共服务设施建设,提高农民的生活质量,增强农民的获得感和幸福感。

(3)加强城乡之间的产业对接和互动发展

经济发展管理部门还应加强城乡之间的产业对接和互动发展,推动城乡产业的融合和升级。通过引导城市资本、技术、人才等生产要素向农村流动,促进农村地区的产业升级和经济发展;同时,加强城乡之间的产业链条衔接,实现城乡产业的互利共赢和协同发展。

综上所述,经济发展管理部门在推动城乡融合发展方面具有重要的作用。通过加强城乡基础设施建设和公共服务均等化,改善农村生产生活条件,提升乡村整体品质;同时加强城乡之间的产业对接和互动发展,实现互利共赢的目标。这将有助于缩小城乡差距,促进经济社会的持续健康发展。

总之,优化资源配置和促进产业融合发展是实现中国西北地区乡村振兴的重要举措之一。通过土地资源利用、人力资源开发、资金资源整合以及推动农业与加工业融合发展、发展乡村旅游产业、加强农业科技创新、拓展农业服务领域、推进城乡融合发展等综合措施,可以为西北地区的乡村振兴注入新的动力和活力。

6.3　强化人才支撑,培育新型职业农民

强化人才支撑,培育新型职业农民是中国西北地区乡村振兴的重要策略之一。以下是针对该策略的详细解读和分析。

6.3.1　现状分析

西北地区农村人力资源丰富,但人才结构不尽合理,高素质人才相对缺乏。传统的农业生产方式和小农经济思维仍占主导地位,导致农村经济发展相对滞后。因此,强化人才支撑,培育新型职业农民是推动乡村振兴的关键所在。

1. 人力资源丰富,人才结构不合理

西北地区农村人力资源丰富,但人才结构不合理。这主要是由于教育水平较低、技能培训不足等原因所致。因此,需要加大对农村教育的投入,提高农民的文化素质和技能水平,培养更多的高素质人才。

(1)教育水平较低

由于历史、地理、经济等多种原因,西北地区农村的教育水平普遍较低。许

多农民受教育程度有限,甚至有些人没有接受过正规的教育。这导致他们在接受新知识、新技能方面存在较大的困难,难以适应现代化的农业生产方式和社会发展需求。

(2)技能培训不足

尽管西北地区农村人力资源丰富,但由于缺乏系统的技能培训,农民的技能水平普遍较低。许多农民缺乏专业的农业技术、管理知识和市场意识,这使得他们在农业生产、经营和销售方面存在较大的局限性。

2. 采取措施

为了解决以上问题,需要采取一系列措施来加大对农村教育的投入,提高农民的文化素质和技能水平。例如:

(1)加强基础教育

通过加大投入,改善农村学校的教学条件,吸引更多的优秀教师到农村任教,提高农村基础教育的质量。这样可以为农民打下良好的文化基础,增强他们接受新知识、新技能的能力。

(2)开展技能培训

组织专业的技能培训机构或聘请农业专家,定期开展针对农民的技能培训。培训内容可以包括农业技术、经营管理、市场营销等方面,帮助农民提高专业技能和市场意识。

(3)推广现代农业技术

通过示范、推广现代化的农业技术和生产方式,引导农民转变传统的小农经济思维,提高农业生产效率和经济效益。这不仅可以增加农民的收入,还能促进农村经济的转型升级。

(4)鼓励农民继续教育

鼓励农民积极参加各类继续教育课程,拓宽知识面,提高自身综合素质。政府可以提供一定的补贴或奖励,激励农民不断提高自身素质。

(5)引进外部人才。除了培养本地人才外,政府还可以通过优惠政策吸引外部人才到西北地区农村发展。这些人才可以带来先进的技术和管理经验,为当地经济发展注入新的活力。

通过以上措施的实施,可以有效提高西北地区农村人力资源的素质,优化人才结构。培养出更多高素质的新型职业农民,为乡村振兴提供强有力的人才支撑。这将有助于推动西北地区农村经济的持续健康发展和社会进步。

3. 传统的农业生产方式和小农经济思维仍占主导地位

传统的农业生产方式和小农经济思维仍占主导地位。这种生产方式缺乏规模效应和现代化技术手段的支撑,导致农业生产效率低下、经济效益不高。因此,需要引导农民转变观念,推广现代化的农业技术和生产方式,提高农业生产效率和经济效益。

(1)传统农业生产方式和小农经济思维的局限性

在传统的农业生产方式中,农民往往以家庭为单位,进行小规模、分散化的生产。这种生产方式缺乏规模效应,难以形成规模经济,限制了农业生产效率的提高。同时,由于缺乏现代化的技术手段,传统农业生产方式往往依赖于手工劳动和简单的农具,导致生产效率低下、经济效益不高。

(2)小农经济思维

小农经济思维是指农民在生产、经营和销售等方面的思维方式。由于传统农业生产方式的局限性和信息不对称等问题,农民往往缺乏市场意识和现代经营理念。他们更注重短期收益,缺乏对农业产业链的深度理解和整合能力,这限制了农业产业的可持续发展。

4. 解决方法

为了解决以上问题,我们需要引导农民转变观念,推广现代化的农业技术和生产方式。

(1)政府加大对农业科技的投入,推广先进的农业技术和设备,提高农业生产效率

引入现代化的农业机械、推广节水灌溉技术、普及农业信息化等。这些技术手段的应用可以大幅度提高农业生产效率,降低生产成本。

(2)政府引导农民成立合作社或农业企业,实现规模化生产和经营

通过集中资源、优化配置,实现规模效应,提高农业生产效率和经济效益。同时,合作社或农业企业可以更好地整合产业链资源,开拓市场,增强农业产业的竞争力。

(3)政府加强对农民的教育和培训,提高他们的文化素质和技能水平

通过举办培训班、邀请专家授课等方式,让农民了解现代化的农业技术和经营理念,培养他们的市场意识和创新精神。这有助于转变小农经济思维,推动农业产业的现代化进程。

综上所述,要提高西北地区农村的生产效率和经济收益,需要引导农民转

变传统农业生产方式和小农经济思维。通过推广现代化的农业技术和生产方式,实现规模化生产和经营,提高农业生产效率和经济效益。同时加强教育和培训,培养农民的文化素质和技能水平,推动农业产业的可持续发展。这将有助于实现乡村振兴和农村经济的持续健康发展。

5. 强化人才支撑,培育新型职业农民是推动乡村振兴的关键所在

通过加大对农民的培训力度,提高其技能水平和经营能力,培养一批有文化、懂技术、善经营的新型职业农民。同时,还需要引导城市人才向农村流动,为农村经济发展提供智力支持。

(1)明确人才在乡村振兴中的重要性

乡村振兴不仅仅是经济的振兴,更是人才的振兴。没有足够的人才支撑,乡村振兴就难以实现。因此,强化人才支撑是推动乡村振兴的关键所在。

(2)培育新型职业农民是解决人才问题的有效途径

与传统农民相比,新型职业农民不仅具备丰富的农业知识和技能,还具备良好的经营能力和市场意识。他们能够适应现代农业发展的需要,推动农业转型升级,提高农业生产效率和经济效益。

(3)加大对农民的培训力度

政府可以制定完善的培训计划,针对不同层次、不同需求的农民开展有针对性的培训。培训内容应涵盖农业技术、经营管理、市场营销等多个方面,帮助农民提高自身的技能水平和经营能力。

(4)引导城市人才向农村流动

城市人才具备丰富的知识和经验,可以为农村经济发展提供重要的智力支持。政府可以通过制定优惠政策,鼓励城市人才到农村创业、投资,为农村发展注入新的活力。

(5)改善农村的硬件和软件环境

硬件环境包括基础设施建设、居住条件等;软件环境则包括政策环境、文化氛围等。只有当农村具备了良好的发展环境和条件,才能吸引更多的人才来到农村、留在农村,共同推动乡村振兴。

(6)强化人才支撑、培育新型职业农民是推动乡村振兴的关键所在

通过加大对农民的培训力度、引导城市人才向农村流动、改善农村环境等措施,可以为乡村振兴提供足够的人才支撑,实现农村经济的持续健康发展。这将有助于实现全面建设社会主义现代化国家的目标。

综上所述,西北地区农村人力资源丰富但人才结构不尽合理,需要强化人才支撑和培育新型职业农民来推动乡村振兴。这需要加大对农村教育的投入、引导农民转变观念、推广现代化农业技术和生产方式等方面的工作。同时,还需要引导城市人才向农村流动,为农村经济发展提供智力支持。通过这些措施的实施,可以促进西北地区农村经济的持续健康发展。

6.3.2 策略建议

1. 加大人才培养力度

(1)加大农村人才培养力度

经济发展管理部门应当认识到农村人才培养对于乡村振兴的重要性。随着城市化进程的加速,许多农村地区面临人才流失的问题,这制约了农村经济的发展。因此,加大对农村人才培养的投入是必要的举措。

(2)制定优惠政策

为了吸引更多的人才到农村发展,经济发展管理部门可以制定一系列优惠政策。这些政策可以涵盖税收优惠、财政补贴、贷款支持等方面,降低人才到农村发展的成本和风险。同时,政府还可以提供良好的工作和生活环境,如基础设施建设、住房保障等,为人才提供舒适的工作和生活条件。

(3)建立健全农村人才库

除了制定优惠政策,建立健全农村人才库也是重要的举措之一。通过建立人才库,可以对农村人才进行系统化管理,了解他们的专业背景、技能特长和职业发展需求。这有助于为农村人才提供更加精准的培训和支持,促进他们的发展和成长。

(4)加强人才储备和交流

加强人才储备和交流也是提高农村人才综合素质和专业技能的重要途径。政府可以组织定期的人才交流活动,让农村人才与其他地区、行业的专业人士进行互动和学习。这有助于拓宽他们的视野,了解最新的技术和趋势,提高自身的专业水平。

(5)农村人才培训

经济发展管理部门还可以与高校、科研机构等合作,开展针对农村人才的培训项目。这些培训项目可以涵盖农业技术、市场营销、经营管理等多个领域,为农村人才提供系统化的知识和技能培训。

综上所述,经济发展管理部门应加大对农村人才培养的投入,制定优惠政策吸引更多的人才到农村发展。同时,建立健全农村人才库、加强人才储备和交流、提高农村人才的综合素质和专业技能是推动乡村振兴的关键措施。通过这些措施的实施,我们可以为农村经济发展提供有力的人才支撑,实现乡村振兴的目标。

2.培育新型职业农民

(1)培育新型职业农民的重要性

经济发展管理部门应当认识到培育新型职业农民对于乡村振兴的重要性。随着农业现代化的推进,传统农民已经难以满足现代农业发展的需求。因此,提高农民的职业素养和技能水平是必要的举措。

(2)开展培训和认证

为了实现这一目标,经济发展管理部门可以开展多种形式的农业科技培训。这些培训可以涵盖农业技术、农业管理、农产品营销等方面,帮助农民掌握现代农业知识和技能。同时,政府还可以鼓励农民参加职业农民认证,通过认证的农民可以获得相应的职业资格和权益保障。

(3)建立健全职业农民社会保障体系

除了开展培训和认证,建立健全职业农民社会保障体系也是重要的举措之一。政府可以制定相应的政策和制度,为职业农民提供医疗、养老等方面的保障,提高他们的社会地位和经济待遇。这有助于稳定职业农民队伍,吸引更多的人才投身于农业领域。

(4)其他措施

经济发展管理部门还可以采取其他措施来支持职业农民的发展。例如,政府可以提供财政补贴、税收优惠等政策支持,鼓励企业和社会资本投入农业领域,推动农业产业的发展。同时,政府还可以加强农业基础设施建设,改善农业生产条件,提高农业生产的效益和质量。

综上所述,经济发展管理部门应积极培育新型职业农民,提高农民的职业素养和技能水平。通过开展农业科技培训、职业农民认证等途径,鼓励农民参加教育培训,提升自身素质。同时,建立健全职业农民社会保障体系,提高职业农民的社会地位和经济待遇。通过这些措施的实施,我们可以为农业现代化提供有力的人才支撑,实现乡村振兴的目标。

3. 加强与高校和科研机构的合作

(1) 与高校和科研机构合作的重要性

经济发展管理部门需要认识到与高校和科研机构合作的重要性。高校和科研机构是农业科技创新的重要力量,通过合作可以共同开展农业科技研究和成果转化工作。这不仅可以提高农业生产效率和农产品质量,还可以推动农业产业的转型和升级。

具体而言,经济发展管理部门可以与高校和科研机构建立长期稳定的合作关系,共同设立农业科技研发项目,投入资金和资源进行农业科技成果的研发和创新。在这个过程中,双方可以充分发挥各自的优势,实现资源共享和优势互补。

(2) 引进先进的农业科技成果和技术

除了与高校和科研机构合作,引进先进的农业科技成果和技术也是提高农业生产效率和农产品质量的重要途径。经济发展管理部门可以积极引进国内外先进的农业科技成果和技术,通过示范推广和应用,将这些技术普及到农业生产中。这不仅可以提高农业生产效益,还可以推动农业产业的现代化发展。

(3) 鼓励高校毕业生到农村创业就业

鼓励高校毕业生到农村创业就业也是为乡村振兴注入新的活力的有效措施。政府可以出台相关政策,为高校毕业生到农村创业提供资金、技术等方面的支持,帮助他们实现自己的创业梦想。同时,政府还可以引导社会资本投入农村,为农村经济发展提供更多的资金支持。

综上所述,经济发展管理部门应加强与高校和科研机构的合作,共同开展农业科技研究和成果转化工作。通过引进先进的农业科技成果和技术,提高农业生产效率和农产品质量。同时,鼓励高校毕业生到农村创业就业,为乡村振兴注入新的活力。通过这些措施的实施,我们可以推动农业现代化发展,实现乡村振兴的目标。

4. 优化人才引进机制

(1) 优化人才引进机制

在当今竞争激烈的人才市场中,吸引和留住优秀人才是至关重要的。管理部门需要制定科学、合理的人才引进策略,积极拓宽人才引进渠道,吸引各类高素质、专业化的人才。同时,要注重人才的匹配度和适应性,确保引进的人才能够适应并推动当地经济发展。

（2）建立多元化的人才评价体系

传统的人才评价体系往往过于单一，难以全面评价一个人的能力和价值。通过建立多元化的评价体系，可以更加客观、全面地评价人才的综合素质和贡献，为人才的选拔和晋升提供更加公正、科学的依据。

（3）加大对优秀人才的奖励和表彰力度

对于在经济发展中做出杰出贡献的人才，管理部门应当给予相应的奖励和表彰，以激励他们继续发挥自己的优势和才能。这不仅可以激发人才的积极性和创造力，还能在社会上树立榜样，引导更多人投入到经济发展中。

（4）注重公平、公正和公开的原则

管理部门应当制定透明、公正的规则和程序，确保评价和激励过程受到监督和制约。同时，要尊重人才的权益，保障他们的合法权益不受侵犯。

综上所述，经济发展管理部门应优化人才引进机制、完善人才评价和激励机制。通过建立多元化的人才评价体系、加大对优秀人才的奖励和表彰力度等措施，可以充分发掘和利用各类人才资源，提高人才的荣誉感和归属感，推动经济发展和社会进步。

5.加强农村基层组织建设

经济发展管理部门在推动农村基层组织建设方面承担着重要职责。可以通过提升基层干部的领导能力和管理水平，促进农村经济发展和社会稳定。

（1）加强基层干部培训

基层干部是农村发展的重要力量，他们的能力和素质直接影响到农村发展的成效。通过定期开展培训，提高基层干部的政策水平、管理能力和专业技能，使他们更好地履行职责，为农村发展提供有力支持。

（2）完善基层治理体系

基层治理体系是农村发展的重要保障，需要从制度层面加以完善。通过建立健全基层民主制度、加强村级财务管理、完善村级公共服务体系等措施，提高基层治理的规范化、科学化水平，增强基层组织的公信力和执行力。

（3）鼓励基层干部带头创业致富

基层干部在农村发展中具有示范引领作用，他们的创业行动往往能带动更多人参与到经济发展中。管理部门应当支持基层干部发挥自身优势，积极探索适合当地发展的产业和项目，通过带头创业实现共同富裕。

(4)注重发挥群众的主体作用

群众是农村发展的主体力量,只有充分激发他们的积极性和创造力,才能实现农村的持续发展。管理部门应当引导基层组织加强与群众的联系,倾听群众意见和建议,调动群众参与发展的积极性,形成共同推动农村发展的强大合力。

综上所述,经济发展管理部门应加强农村基层组织建设,提高基层干部的领导能力和管理水平。通过加强基层干部培训、完善基层治理体系、鼓励基层干部带头创业致富等措施,可以提高基层组织的凝聚力和战斗力,促进农村经济发展和社会稳定。同时,要注重发挥群众的主体作用,形成共同推动农村发展的强大合力。

6.3.3 政策扶持

随着中国经济的持续发展和现代化进程的推进,农村地区的经济和社会发展逐渐成为国家整体进步的关键因素。农村地区要实现可持续发展,人才是核心。对于农村人才培养和新型职业农民的培育,不仅关乎农业生产的效率和质量,更直接影响农村的经济结构和社会稳定。

1. 加大政策扶持力度的必要性

(1)农业现代化的需求

随着科技在农业中的应用越来越广泛,新型职业农民的培育成为农业现代化的必要条件。这些农民需要掌握现代农业技术、具备市场意识和管理能力,以适应现代化的农业生产模式。

(2)农村经济发展的驱动力

高素质的农民是农村经济发展的关键驱动力。他们能够引入先进的农业技术和管理模式,提高农业生产效率,同时也有助于农产品深加工和农村电商等新业态的发展。

(3)城乡一体化战略的支撑

城乡一体化战略要求城乡在各个方面实现均衡发展。加大农村人才培养力度,有助于缩小城乡发展差距,促进城乡一体化。

2. 政策扶持的具体措施

(1)财政资金支持

通过设立专项资金,为农村人才培养和新型职业农民的培育提供资金支持。资金可用于培训项目、教育资源开发以及为农民提供小额贷款等。

（2）税收优惠政策

对参与农村人才培养和新型职业农民培育的相关机构或个人，给予一定的税收减免，以鼓励更多的资源和力量投入到这一领域。

（3）金融信贷支持

引导金融机构为农村人才的培养提供贷款服务，特别是为那些有潜力的农民或农业项目提供低息贷款或担保服务。

3.政策落实与监督机制

（1）政策宣传与解读

确保相关政策能够被广大农民和相关机构所了解和接受，这需要各级政府和媒体进行广泛的宣传和解读。

（2）执行情况的监测与评估

定期对政策执行情况进行监测和评估，确保各项措施落到实处，并及时对不合理的政策进行调整。

（3）反馈机制的建立

鼓励农民和相关机构提供政策执行中的问题和建议，形成一个反馈闭环，不断完善政策体系。

加大对农村人才培养和新型职业农民培育的政策扶持力度，是推动农村经济发展的关键举措。通过这一系列的政策措施，可以有效地提高农民的素质和能力，为农村经济的持续发展和社会稳定打下坚实的基础。

总之，强化人才支撑和培育新型职业农民是中国西北地区乡村振兴的重要策略之一。政府和社会各界应共同努力，通过加大人才培养力度、优化人才引进机制、加强与高校和科研机构的合作等方面的工作，为乡村振兴提供强有力的人才支撑。

6.4　完善基础设施，提升公共服务水平

完善基础设施，提升公共服务水平是中国西北地区乡村振兴的重要策略之一。以下是针对该策略的详细解读和分析。

6.4.1　现状分析

中国西北地区农村基础设施和公共服务相对滞后,影响了农民的生产生活水平和乡村的发展。主要表现在以下几个方面。

1. 交通设施不完善

交通设施不完善是限制农村经济发展的一个重要因素。在一些地区,农村道路状况较差,交通不便,这给当地农民的生产和生活带来了极大的不便,同时也制约了农村经济的发展。

(1)交通设施不完善导致农产品运输困难,增加物流成本

由于道路状况差,农产品在运输过程中容易受损,而且运输效率低下,导致物流成本增加。这不仅影响了农民的收入,也制约了农村经济的发展。

(2)交通设施不完善影响农村地区的招商引资和旅游开发

如果一个地区的交通不便,企业或投资者可能会选择其他更便利的地区进行投资或旅游开发,从而限制了当地经济的发展。此外,交通不便也会影响当地旅游业的发展,降低游客的体验和满意度。

为了改善农村交通设施,政府和社会各界需要采取一系列措施。政府应加大对农村交通设施的投入,提高道路建设和维护的质量和效率。这可以通过增加资金投入、加强监管等途径实现。具体还有以下措施。

(1)鼓励和支持民间资本参与农村交通设施建设

通过政策引导和优惠措施,吸引更多的民间资本进入农村交通建设领域,形成政府与民间共同投资的良好格局。

(2)加强农村交通设施的宣传和推广

通过宣传教育,提高农民对交通设施重要性的认识,鼓励他们积极参与建设和维护工作。同时,加强对外宣传,吸引更多的外部资源进入农村地区,推动当地经济的发展。

综上所述,交通设施不完善是限制农村经济发展的重要因素之一。政府和社会各界需要采取一系列措施来改善农村交通设施,如加大对交通建设的投入和支持力度、鼓励民间资本参与建设、加强宣传和推广工作。只有这样,才能更好地推动农村经济的发展和繁荣。

2. 水电供应不足

水电供应不足是影响农村地区生活和生产的另一个重要问题。在一些地

区,农村的水电供应不稳定,给当地农民的生活和农业生产带来了很大的困扰和不便,也制约了农业生产的效率。

(1)影响农民的生活质量

在缺水缺电的地区,农民的生活条件十分艰苦,日常用水、用电等基本需求无法得到满足。这不仅影响了农民的日常生活,也制约了农村地区的基本设施建设和公共服务水平的提升。

(2)对农业生产影响显著

农业是农村地区的主要产业之一,而水电是农业生产的重要保障。缺乏稳定的水电供应,农业生产的效率和效益将受到很大影响。例如,灌溉设施无法正常运转,导致农作物缺水;电力不足则会影响农业机械的使用和农产品的加工和储存。这些因素都直接关系到农民的收入和农村经济的发展。

为了解决农村水电供应不足的问题,政府和社会各界需要采取一系列措施。政府应加大对农村水电基础设施建设的投入,提高水电供应的稳定性和可靠性。这包括修建水库、水渠、供电线路等基础设施,加强监管和维护,确保水电设施的正常运转。具体还有以下措施。

(1)推广节水节电技术

通过宣传教育和技术支持,引导农民采用节水节电技术和设备,提高水资源和电能的利用效率,减少浪费和消耗。

(2)鼓励和支持可再生能源开发

鼓励和支持农村地区的可再生能源开发也是解决水电供应不足问题的一个有效途径。例如,利用太阳能、风能等可再生能源进行发电和供暖,减少对传统能源的依赖,提高能源自给率。

综上所述,水电供应不足是制约农村地区生活和生产的重要因素之一。政府和社会各界需要采取一系列措施来解决这一问题,如加大对水电基础设施建设的投入、推广节水节电技术、鼓励和支持可再生能源开发等。只有这样,才能更好地满足农民的基本生活需求,促进农业生产的稳定发展,推动农村经济的繁荣和可持续发展。

3. 教育资源匮乏

教育资源匮乏是农村地区面临的另一个重要问题,特别是在一些偏远和贫困地区。教育资源短缺,教学质量不高,直接影响了农民的文化素质和职业技能的提升。

（1）硬件设施不足

在一些农村地区,学校设施简陋,教学设备不足,甚至缺乏基本的教学工具和教材。这使得学生在学习过程中难以获得全面的知识和技能训练,教学质量大打折扣。

（2）师资力量不足

在一些农村地区,教师数量不足,专业素质参差不齐,甚至缺乏基本的教育教学能力。这导致教学质量难以得到保障,学生的学习效果不佳。

教育资源匮乏对农民的文化素质和职业技能的影响是显而易见的。由于缺乏优质的教育资源,农民在文化知识和职业技能方面的提升受到限制。这不仅影响了他们的就业机会和生活质量,也制约了农村地区经济的发展和社会进步。

为了解决农村教育资源匮乏的问题,政府和社会各界需要采取一系列措施。政府应加大对农村教育的投入,改善学校硬件设施,增加教学设备,为学生提供更好的学习条件。同时,加强师资队伍建设,提高教师的专业素质和教育教学能力,为学生的学习提供更好的指导和支持。具体还有以下措施。

（1）鼓励社会力量参与农村教育

通过引导社会资金、资源和技术进入农村教育领域,可以弥补政府投入的不足,丰富教育资源,提高教学质量。例如,鼓励企业、社会组织和个人捐资助学、支教等。

（2）推广远程教育和在线教育

利用现代信息技术手段,将优质教育资源输送到农村地区,使农民能够方便地获取高质量的教育培训资源,提高自身素质和职业技能。

综上所述,教育资源匮乏是制约农村地区教育发展和社会进步的重要因素之一。政府和社会各界需要采取一系列措施来解决这一问题,如加大对农村教育的投入、鼓励社会力量参与、推广远程教育和在线教育等。只有这样,才能更好地满足农民的教育需求,提高他们的文化素质和职业技能,推动农村经济的繁荣和社会进步。

4. 医疗卫生条件差

医疗卫生条件差是农村地区面临的另一个重要问题,特别是在一些偏远和贫困地区。医疗卫生服务不到位,医疗保障体系不健全,直接影响了农民的健康和生活质量。

(1)医疗卫生服务体系不完善

农村地区的医疗卫生服务体系不完善,医疗设施和设备相对落后。这使得农民在寻求医疗服务时面临诸多困难,如医疗资源不足、医疗水平低下等。在一些偏远地区,甚至缺乏基本的医疗设施和服务,农民不得不长途跋涉到城市寻求医疗服务。

(2)医疗保障体系不健全

农村地区的医疗保障体系不健全,农民的医疗负担较重。由于缺乏完善的医疗保障制度,农民往往需要自费承担高昂的医疗费用,这对于经济条件较差的农民来说是一个沉重的负担。从而导致许多农民在面对疾病时选择放弃治疗或采取保守治疗方式,影响了他们的健康和生活质量。

医疗卫生条件差对农民的健康和生活质量的影响是显而易见的。由于缺乏及时有效的医疗服务和保障,农民的健康状况往往较差,一些常见疾病和慢性病的发病率较高。这不仅影响了农民的生产力和生活质量,也给家庭和社会带来了沉重的负担。

为了改善农村医疗卫生条件,政府和社会各界需要采取一系列措施。政府应加大对农村医疗卫生事业的投入,加强基层医疗卫生服务体系建设,提高医疗设施和设备的水平。同时,加强基层医生的培训和引进,提高农村地区的医疗水平和服务质量。具体还有以下措施。

(1)建立健全的农村医疗保障体系

政府应完善农村合作医疗制度,提高农民的医疗保障水平,减轻农民的医疗负担。同时,鼓励社会力量参与农村医疗卫生事业,通过引入市场机制和竞争机制,提高农村医疗卫生服务的效率和质量。

(2)加强农村地区的健康教育

通过普及卫生知识、提高农民的健康意识和自我保健能力,可以降低疾病的发生率,减少农民对医疗服务的依赖。

综上所述,医疗卫生条件差是制约农村地区健康发展和生活水平提高的重要因素之一。政府和社会各界需要采取一系列措施来解决这一问题,如加强农村医疗卫生服务体系建设、建立健全的医疗保障体系、加强基层医生的培训和引进、鼓励社会力量参与等。只有这样,才能更好地满足农民的医疗需求,提高他们的健康和生活质量,推动农村经济的繁荣和社会进步。

5.社会服务落后

社会服务落后是农村地区面临的另一个问题,尤其是在一些偏远和贫困地区。这些地区的农村社会服务机构不全,服务内容单一,无法满足农民的需求,影响了农村社区的发展和农民的生活质量。

(1)农村地区的社会服务机构不健全,服务网络覆盖面有限

在一些偏远地区,由于缺乏必要的社会服务机构和设施,农民在面对困难和问题时往往得不到及时有效的帮助和支持。这导致农民在教育、文化、科技、体育等方面的需求得不到满足,限制了他们的个人发展和社会融入。

(2)农村地区的社会服务内容单一,服务质量不高

许多农村社会服务机构只能提供有限的服务内容,而且服务质量参差不齐。这使得农民在接受社会服务时无法得到全面、专业的支持和帮助。例如,一些农村地区的文化活动缺乏创新和多样性,农民的文化生活单调乏味;一些地区的农业科技推广服务不到位,农民在农业生产中遇到的技术问题得不到解决。

(3)农村地区的社会服务管理体制存在问题

一些社会服务机构缺乏有效的管理和监督机制,服务质量难以保证。同时,由于缺乏统一的管理和协调机制,不同社会服务机构之间的合作和资源共享也受到限制。

(4)社会服务落后对农村社区的发展和农民的生活质量产生一定的影响

由于缺乏必要的社会服务和支持,农民在教育、文化、科技等方面的个人发展受到限制,影响了他们的综合素质和社会竞争力。同时,这也制约了农村社区的整体发展,使得农村地区与城市之间的差距进一步拉大。

为了改善农村地区的社会服务状况,政府和社会各界需要采取一系列措施。政府应加大对农村社会服务的投入,加强社会服务机构的建设和设施的完善。同时,建立健全的社会服务网络,提高服务的覆盖面和可及性。具体还有以下措施。

(1)丰富社会服务内容,提高服务质量

政府和社会服务机构应了解农民的需求和期望,提供更加全面、专业的社会服务。例如,加强农村地区的文化活动组织,丰富农民的文化生活;加强农业科技推广服务,提高农民的农业生产技术水平;提供更多的教育培训机会,提高农民的综合素质和社会竞争力等。

（2）建立健全的社会服务管理体制

政府应加强对社会服务机构的监管和管理，建立有效的评估和监督机制，确保服务质量。同时，促进不同社会服务机构之间的合作和资源共享，提高服务的协同效应和整体效益。

综上所述，社会服务落后是制约农村地区发展和社会进步的重要因素之一。政府和社会各界需要采取一系列措施来解决这一问题，如加强社会服务机构建设、丰富服务内容、提高服务质量、加强监管和管理等。只有这样，才能更好地满足农民的需求，提高他们的生活质量和综合素质，推动农村社区的繁荣和发展。

6.4.2　策略建议

1.加强基础设施建设

在推动农村地区的经济发展过程中，基础设施建设是至关重要的环节。对于农村地区来说，基础设施不仅关系到农民的生产生活，更是农村地区经济发展的基石。因此，经济发展管理部门应加大投入力度，全面加强农村基础设施建设。

（1）公路是农村地区经济发展的重要支撑

完善的公路网络能够提高农民出行和物资运输的便捷性，降低物流成本，促进农产品的流通和市场拓展。因此，经济发展管理部门应将农村公路建设作为重点任务，加大资金和技术支持，提高公路质量和通达性。

（2）水利设施对于农业生产具有重要意义

稳定的水源和水利设施能够保障农业生产的持续性和稳定性，提高农作物产量和质量。经济发展管理部门应加大对农村水利设施建设的投入，修复和改善现有水利工程，提高灌溉和防洪能力。

（3）电力和通信设施是农村地区不可或缺的基础设施

电力设施的完善能够提供稳定、安全的电力供应，满足农民生产生活的需求，推动农村电气化进程。而通信设施的建设则能够促进信息流通，缩小城乡数字鸿沟，提升农村地区的信息化水平。经济发展管理部门应加强农村电网改造和通信网络建设，提高覆盖率和网络质量。

（4）鼓励民间资本参与农村基础设施建设

通过政策引导和优惠措施，吸引民间资本进入农村基础设施建设领域，能够拓宽资金来源,提高建设效率和资金使用效益。同时,民间资本的参与也能够引入市场竞争机制,推动基础设施建设的创新和发展。

综上所述,经济发展管理部门应重视农村基础设施建设,加大投入力度,加强公路、水利、电力、通信等基础设施的建设和完善。通过鼓励民间资本参与,提高建设效率和资金使用效益,为农村地区经济发展提供坚实基础。同时,还需要注重基础设施的可持续性和环境保护,实现农村经济社会的可持续发展。

2. 提高公共服务水平

为了促进农村地区的经济和社会发展,除了加强基础设施建设外,提高农村公共服务的水平和质量也是至关重要的。经济发展管理部门应加大对农村公共服务的投入力度,为农民提供更高水平、更全面的公共服务。

(1)教育是农村发展的基石

经济发展管理部门应加大对农村教育事业的投入,改善农村学校的教学条件,提高教师待遇,吸引优秀教师到农村任教。同时,加强农村学校与城市学校的交流与合作,促进教育资源的共享和优化配置。通过提高农村教育水平,培养更多高素质的人才,为农村地区的发展注入新的活力。

(2)医疗卫生服务是农村地区迫切需要加强的领域

经济发展管理部门应增加对农村医疗卫生机构的投入,改善医疗设施,提高医疗服务水平。建立健全农村医疗卫生体系,完善基层医疗卫生网络,提高农村地区的公共卫生服务能力。同时,加强医疗卫生人才的培养和引进,提高农村医生的业务水平和医疗技能。

(3)文化娱乐活动是满足农民精神文化需求的重要途径

经济发展管理部门应加大对农村文化设施的投入,建设图书馆、文化活动中心等设施,丰富农民的文化生活。同时,组织开展各类文化活动,如文艺演出、电影放映等,满足农民多样化的文化需求。通过丰富农民的精神世界,激发他们的创造力,推动农村文化的繁荣发展。

(4)建立健全农村社会保障体系是维护农民基本权益的重要保障

经济发展管理部门应完善农村养老保险、医疗保险等制度,提高保障水平,确保农民老有所养、病有所医。同时,加强对农村贫困人口的救助和帮扶,完善农村最低生活保障制度,确保贫困人口的基本生活需求得到满足。通过建立健全农村社会保障体系,为农民提供稳定的安全网,促进农村社会的和谐稳定。

综上所述,经济发展管理部门应加大对农村公共服务的投入力度,提高公共服务的质量和水平。通过改善教育条件、增加医疗卫生资源、丰富文化娱乐活动、建立健全社会保障体系等方面的措施，满足农民的基本需求，提升他们的生活质量和幸福感。这将有助于促进农村地区的经济和社会发展，推动城乡一体化进程。

3.推进城乡融合发展

在经济发展的过程中，管理部门应该注重推进城乡融合发展，促进城乡之间的资源共享和互动交流。城乡融合发展是实现城乡一体化、推动经济持续健康发展的重要途径。

(1)建立城乡统一的户籍制度是促进城乡融合发展的基础

当前，城乡分割的户籍制度在一定程度上限制了人力资源的流动，阻碍了城乡资源的优化配置。因此，应逐步取消户籍制度对城乡人口流动的限制，建立城乡统一的户籍管理制度，使城乡居民在就业、教育、医疗等方面享有同等权利和待遇。这将有助于促进城乡之间的人口流动和人力资源的优化配置，推动城乡经济的共同发展。

(2)完善城乡统一的就业制度是促进城乡融合发展的重要措施

当前，城乡分割的就业制度导致农村劳动力市场不充分、就业机会不足等问题。因此，应建立健全城乡统一的就业管理制度，加强农村劳动力技能培训和就业指导，提高农村劳动力的就业能力和竞争力。同时，鼓励城市企业到农村投资兴业，为农村劳动力提供更多的就业机会和岗位。通过完善城乡统一的就业制度，实现城乡劳动力的合理流动和优化配置，推动城乡经济的协调发展。

(3)建立城乡统一的社会保障制度是促进城乡融合发展的关键环节

当前，城乡分割的社会保障制度导致农村社会保障水平较低、保障覆盖面较窄等问题。因此，应建立健全城乡统一的社会保障制度，提高农村社会保障水平，扩大社会保障覆盖面。同时，完善城乡统一的社会救助体系，加强对弱势群体的救助和帮扶。通过建立城乡统一的社会保障制度，保障城乡居民的基本生活需求，推动城乡社会的和谐稳定发展。

综上所述，经济发展管理部门应积极推进城乡融合发展，促进城乡之间的资源共享和互动交流。通过建立城乡统一的户籍制度、就业制度和保障制度等措施，逐步消除城乡二元结构，实现城乡经济社会的协调发展。这将有助于推动我国经济持续健康发展和社会全面进步。

4.优化政策环境

经济发展管理部门在推动城乡融合发展的过程中,优化政策环境,加强对农村基础设施建设和公共服务发展的支持和引导至关重要。

(1)财政扶持政策是优化政策环境的重要手段之一

政府可以通过加大对农村基础设施建设和公共服务发展的投入,提高农村地区的财政支持力度。例如,可以设立专项资金,用于支持农村道路、水利、电力、通信等基础设施建设,以及教育、医疗、文化等公共服务发展。同时,可以制定相应的财政补贴政策,对农村地区的基础设施建设和公共服务发展给予一定的财政补贴,以减轻农村地区的财政负担。

(2)税收优惠政策是优化政策环境的重要措施之一

政府可以通过对农村地区实施税收优惠政策,降低农村地区的税收负担,鼓励企业到农村地区投资兴业,支持农村地区的发展。例如,可以减免农村地区的部分税种,或者对在农村地区投资兴业的企业给予一定的税收减免等优惠政策。

(3)金融信贷支持是优化政策环境的重要手段之一

政府可以通过引导金融机构加大对农村地区的信贷支持力度,为农村地区的基础设施建设和公共服务发展提供资金支持。例如,可以引导金融机构推出针对农村地区的专项贷款产品,或者对在农村地区投资兴业的企业给予一定的贷款利率优惠等支持措施。

综上所述,经济发展管理部门应通过优化政策环境,加强对农村基础设施建设和公共服务发展的支持和引导。通过制定财政扶持政策、税收优惠政策、金融信贷支持等方面的政策措施,为农村地区的发展创造良好的政策环境,推动城乡融合发展,实现城乡经济社会的协调发展。

6.4.3　政策扶持

农村地区的发展是实现全面小康社会和乡村振兴战略的关键。而农村基础设施建设和公共服务发展是提升农村生产生活水平、增强农村吸引力的重要途径。因此,经济发展管理部门需要采取一系列政策措施来推动农村基础设施和公共服务的建设与发展。

1. 加大政策扶持力度的必要性

(1) 改善农村生产生活条件

通过加强农村基础设施建设,如道路、水利、电力等,可以提高农业生产效率,改善农民的生活条件,提升农村的整体发展水平。

(2) 促进城乡一体化发展

城乡基础设施和公共服务的差距是城乡发展不平衡的重要表现。加强农村基础设施建设,提升农村公共服务水平,有助于缩小城乡差距,推动城乡一体化发展。

(3) 增加农村就业机会

基础设施建设可以带动相关产业的发展,从而创造更多的就业机会,为农民提供稳定的收入来源。

2. 政策扶持的具体措施

(1) 财政资金支持

通过设立专项资金,加大对农村基础设施建设和公共服务发展的投入。资金可以用于建设公路、桥梁、水利工程等基础设施,以及提供教育、医疗、文化等公共服务。

(2) 税收优惠政策

对在农村基础设施建设和服务提供中发挥重要作用的企业或个人,给予一定的税收减免,激发社会资本参与的积极性。

(3) 金融信贷支持

引导金融机构为农村基础设施建设提供低息贷款或担保服务,降低融资成本,支持项目的顺利实施。

3. 政策落实与监督机制

(1) 制定实施细则和操作指南

为确保政策的有效实施,需要制定具体的实施细则和操作指南,明确各方的职责和操作流程。

(2) 建立项目库和信息管理系统

对农村基础设施建设和公共服务发展的项目进行统一管理,确保项目的合理规划和有效实施。

(3) 加强监督和评估

定期对政策执行情况进行监督和评估,及时发现问题并采取改进措施,确保政策目标的实现。

(4)鼓励社会参与和公众监督

通过公开透明的机制,鼓励社会各界参与农村基础设施建设和公共服务发展,同时接受公众的监督,确保政策的公正性和有效性。

综上所述,经济发展管理部门应加大对农村基础设施建设和公共服务发展的政策扶持力度。通过财政资金支持、税收优惠和金融信贷等措施的综合运用,以及建立健全的政策落实和监督机制,可以有效推动农村基础设施和公共服务的建设与发展,促进农村经济的持续发展和社会的全面进步。

6.5　加强生态保护,实现绿色发展

加强生态保护,实现绿色发展是中国西北地区乡村振兴的重要策略之一。以下是针对该策略的详细解读和分析。

6.5.1　现状分析

中国西北地区的生态环境较为脆弱,受到自然灾害和人为因素的影响,生态环境问题日益突出。主要表现在以下几个方面。

1.土地退化严重

中国西北地区,作为中国的五大地区之一,拥有丰富的自然资源和独特的地理风貌。然而,由于其特殊的自然条件和人类活动的影响,该地区的生态环境面临着一系列严峻的挑战。

(1)生态环境的脆弱性

西北地区位于内陆深处,气候干旱,降雨量少,植被覆盖率低。这种自然条件使得该地区的生态系统较为脆弱,容易受到外部因素的干扰。同时,该地区又是中国的主要牧区和部分粮食产区,人类活动对生态环境的影响也较大。

(2)土地退化的严重性

①过度放牧:为了满足畜牧业的发展,大量牲畜在有限的草地上放牧,导致草地退化、沙化。

②开垦土地:为了增加农业产量,部分地区过度开垦土地,导致土地的肥力和水分丧失,最终变成荒漠。

③不合理的土地利用：如过度开采地下水、不合理的灌溉方式等,都加剧了土地退化的进程。

土地退化不仅影响了该地区的农业生产和粮食安全,还对当地居民的生活造成了严重影响。许多地方因土地退化而失去了种植和养殖的条件,导致农民的生活水平下降。

(3)对策与建议

①加强生态保护意识：通过教育和宣传,提高当地居民的生态保护意识,引导他们合理利用自然资源。

②制定科学的土地利用政策：限制过度放牧和开垦土地的行为,推广合理的农业技术和灌溉方式。

③增加植被覆盖：通过植树造林、退耕还林等措施,增加植被覆盖率,提高土壤保水能力。

④加强监管和执法力度：对破坏生态环境的行为进行严厉打击,确保相关政策的有效执行。

⑤引入生态补偿机制：对采取环保措施的农户和企业给予一定的经济补偿,激励更多的人参与到环保工作中。

⑥推进科技创新和应用：研究并推广适合西北地区生态环境的农业技术,提高农业生产效率的同时减少对生态环境的负面影响。

⑦加国家际合作与交流：借鉴国际上成功的生态保护经验和技术,结合西北地区的实际情况进行应用。

综上所述,中国西北地区的生态环境问题需要引起高度重视。通过多方面的努力和合作,相信可以逐步改善该地区的生态环境状况,实现经济和生态的可持续发展。

2. 水资源短缺

中国西北地区,作为中国的一个地理和生态重要区域,近年来面临着日益严峻的水资源短缺问题。这个问题不仅影响当地居民的生活,还对农业生产和经济发展产生重大制约。

(1)水资源短缺的原因

①气候变化：全球气候变化导致降水分布不均,西北地区尤为明显。降水量减少,加上高温蒸发作用,使得可利用的水资源量大大减少。

②过度开采：随着人口增长和经济发展,对水资源的需求持续增加。过度

开采地下水,导致地下水位下降,可利用的水资源量减少。

③水污染:工业、农业和城市生活产生的污染物未经有效处理就直接排入水体,导致水质恶化,可利用的水资源量进一步减少。

(2)对农村经济发展的影响

①农业受限:农业是西北地区的主要产业之一,水资源短缺直接影响到农作物的灌溉,导致农作物减产,影响农民收入。

②农村就业:水资源短缺限制了农村经济的发展,减少了农民的就业机会,导致部分农村地区贫困问题加剧。

③生态退化:由于水资源短缺,部分地区不得不采取超采地下水的方式来满足用水需求,这进一步加剧了土地沙化、盐碱化等生态问题,对农村环境造成负面影响。

(3)对策与建议

①加强水资源管理:建立科学的水资源管理制度,控制开采量,防止过度开采。同时,加强水体保护,减少水污染。

②推广节水农业技术:通过推广节水灌溉技术、耐旱作物品种等,提高水资源的利用效率,缓解水资源短缺对农业的影响。

③发展循环经济和清洁生产:在工业和城市生活中,推广循环经济和清洁生产模式,减少水资源的消耗和污染物的排放。

④加国家际合作与交流:借鉴国际上在水资源管理和保护方面的成功经验和技术,结合西北地区的实际情况进行应用。

⑤提高公众的节水意识:通过教育和宣传,提高公众对水资源重要性的认识,培养节约用水的习惯。

综上所述,中国西北地区的水资源短缺问题是一个复杂的社会经济问题,需要政府、企业和公众共同努力来解决。通过科学的管理、技术的推广和国际的合作,相信可以逐步缓解水资源短缺问题,促进农村经济的可持续发展。

3. 大气污染严重

中国西北地区,作为中国的一个重要地理区域,近年来面临着日益严重的大气污染问题。这个问题不仅对当地居民的健康和生活环境造成威胁,还对整个区域的可持续发展产生重大影响。

(1)大气污染的原因

①工业排放:西北地区的重工业发展迅速,如煤炭、钢铁、化工等产业在生

产过程中产生大量的废气,未经有效处理直接排放到大气中。

②采暖季节的燃煤污染:冬季采暖季节,大量燃煤产生的污染物加重了大气污染的程度。

③交通运输排放:随着交通工具的增多,汽车尾气排放成为大气污染的重要来源。

④城市规划不合理:部分城市存在工业区和居住区混杂的情况,增加了大气污染对居民的影响。

(2)对生活环境和健康的影响

①空气质量下降:大气污染导致空气中的颗粒物、二氧化硫、氮氧化物等污染物浓度增加,严重时出现雾霾天气,影响空气质量。

②健康风险增加:长期暴露于大气污染环境中,会增加呼吸系统疾病、心血管疾病等患病风险,对公众健康构成威胁。

③生态影响:大气污染还会对植被、水体等生态环境造成负面影响,加剧生态退化。

(3)对策与建议

①加强工业废气治理:严格控制工业废气的排放标准,加大对违法排放的处罚力度。同时,推广清洁生产技术和环保设施,减少废气排放。

②优化能源结构:逐步减少对煤炭等高污染能源的依赖,增加清洁能源的使用比例,如风能、太阳能等。

③城市规划与环境治理相结合:在城市规划和建设中,充分考虑环境保护的需求,合理布局工业区和居住区,减少大气污染对居民的影响。

④加强交通管理:鼓励使用公共交通、电动汽车等低碳出行方式,减少私家车的使用。同时,加强交通管理,减少交通拥堵和尾气排放。

⑤提高公众环保意识:通过教育和宣传,提高公众对大气污染的认知和环保意识,倡导低碳生活和绿色出行。

综上所述,中国西北地区的大气污染问题是一个严峻的环境问题,需要政府、企业和公众共同努力来解决。通过加强治理、优化能源结构、城市规划与环境治理相结合等措施,可以逐步改善空气质量和生活环境,促进区域的可持续发展。

4.生物多样性受到威胁

中国西北地区,以其壮丽的自然风光和丰富的自然资源著称,但与此同时,该地区的生态环境也相对脆弱。近年来,由于自然灾害和人为因素的影响,该地区的生态环境问题日益突出,尤其是生物多样性的减少,使得一些珍稀物种面临灭绝的威胁。

(1)生态环境脆弱的原因

①自然因素:西北地区气候干旱,降水少,加上地形复杂,使得土壤和水资源相对稀缺。这种自然条件决定了该地区的生态系统较为脆弱,容易受到外部环境变化的影响。

②人为因素:随着人类的开发活动不断增多,如过度放牧、不合理的土地利用、水资源过度开采等,都对西北地区的生态环境造成了压力。

③灾害频发:西北地区经常遭受极端天气、地震、滑坡等自然灾害的侵袭,这些灾害对当地的生态系统造成严重的破坏。

(2)生物多样性减少的威胁

①珍稀物种濒危:由于生态环境的恶化,许多珍稀物种的生存空间受到挤压,种群数量锐减,甚至面临灭绝的风险。这些物种一旦消失,将无法再生,对地球生物多样性造成不可逆的损失。

②生态平衡失调:生物多样性是维持生态系统平衡的重要基础。当生物多样性减少时,生态系统的稳定性下降,对气候、水资源等产生不利影响。

③经济与社会影响:生物多样性减少不仅影响生态环境的健康,也给当地经济发展带来压力。生物资源的减少可能导致农牧业减产、旅游业受挫等问题,进而影响当地居民的生活水平。

(3)对策与建议

①加强环境保护立法:制定严格的环保法规,限制对生态环境的破坏行为,为生态恢复提供法律保障。

②生态修复与治理:实施大规模的生态修复工程,包括退耕还林、水土保持、湿地恢复等,以改善生态环境质量。

③加强科研监测:通过科研监测了解生态环境变化的趋势和原因,为制定科学合理的保护措施提供依据。

④提高公众意识:通过教育和宣传活动,提高公众对生态环境保护的认识和参与度。

⑤可持续开发利用:在资源开发过程中注重生态环境保护,推广可持续的生产方式,减少对生态环境的负面影响。

⑥灾害预警与应对:建立和完善自然灾害预警系统,提高应对灾害的能力,降低灾害对生态环境的破坏。

综上所述,中国西北地区的生态环境问题严峻,生物多样性减少趋势明显。为了保护这片土地上的珍贵生物资源和维护生态平衡,需要采取综合性的措施,如加强环境保护立法、实施生态修复工程、提高公众意识并推广可持续的开发利用方式。只有这样,才能有效缓解西北地区的生态环境问题,确保生物多样性的持续存在和生态系统的健康稳定。

6.5.2 策略建议

1. 加强生态保护

随着人类活动的不断扩张,生态环境遭受的压力日益增大。作为环境监管部门,其对生态环境的保护和管理至关重要。以下是对环境监管部门在加强生态环境保护和管理方面应采取的措施的详细分析和建议。

(1)制定严格的环保法规和政策措施

①法规制定:环境监管部门应根据国家法律法规,结合当地实际情况,制定具体的、可操作的环保法规。这些法规应明确各类活动对生态环境的影响要求,限制对生态环境的破坏行为。

②政策措施:除了法规制定,环境监管部门还应出台一系列政策措施,如生态补偿机制、绿色税收政策等,鼓励和引导企业和个人采取环保行为。

(2)加大对违法行为的处罚力度

①执法力度:对于违反环保法规的行为,环境监管部门应坚决予以打击,不姑息、不妥协。加大对违法行为的处罚力度,形成有效的威慑力。

②公众监督:鼓励公众参与环保监督,设立举报奖励制度,对于提供有效线索的公众给予一定的奖励,形成全社会共同参与的环保氛围。

(3)加强生态环境监测和评估

①建立监测网络:环境监管部门应建立覆盖全面的生态环境监测网络,对重点区域、重点领域进行实时监测,确保及时发现环境问题。

②定期评估:除了实时监测,还应定期对生态环境进行评估,分析生态环境的变化趋势,为制定针对性的保护措施提供科学依据。

(4)推进生态文明建设,提高全民环保意识

①生态文明教育:通过学校教育、社区活动、媒体宣传等多种方式,普及生

态文明知识,提高全民的环保意识和责任感。

②示范项目:推广生态文明示范项目,鼓励企业和个人参与到生态文明建设中来,形成全社会共同参与的良好氛围。

环境监管部门在保护和管理生态环境方面扮演着至关重要的角色。通过制定严格的环保法规和政策措施、加大对违法行为的处罚力度、加强生态环境监测和评估以及推进生态文明建设等措施,环境监管部门可以有效提升生态环境的保护和管理水平。同时,这也有助于推动经济社会的可持续发展,为子孙后代创造一个美好的生态环境。

2. 推动绿色发展

随着全球环境问题日益严重,绿色发展已成为各国经济发展的共同目标。经济发展管理部门作为国家经济发展的指导者和监督者,在推动绿色发展、促进经济社会的可持续发展方面具有举足轻重的地位。以下是对经济发展管理部门在绿色发展方面应采取的措施的详细分析和建议。

(1)推广清洁能源,鼓励企业应用低碳技术

①推广清洁能源:通过政策引导和市场机制,大力推广太阳能、风能等清洁能源,减少对化石能源的依赖。

②应用低碳技术:鼓励企业采用低碳技术和设备,提高能源利用效率,降低碳排放。同时,对采用低碳技术的企业给予政策优惠和资金支持。

(2)优化产业结构,大力发展绿色产业

①调整产业结构:逐步淘汰高耗能、高污染的传统产业,加大对绿色产业的扶持力度,推动产业结构向低碳、环保方向转型。

②发展绿色产业:重点发展节能环保、新能源等绿色产业,培育新的经济增长点,推动经济可持续发展。

(3)加强环境治理,改善城乡人居环境

①加大环境治理力度:加大对环境污染的治理力度,强化环境执法,对违法排污行为进行严厉打击。

②改善城乡人居环境:加强城市和农村的环境基础设施建设,提高垃圾处理、污水处理等能力,改善城乡人居环境,提升居民的生活质量。

(4)加国家际合作,共同应对全球环境问题

①参与国际环保协议:积极参与国际环保协议和谈判,共同应对全球气候变化等环境问题。

②引进国际先进技术:引进国际先进的环保技术和经验,加强与发达国家在绿色发展领域的合作与交流。

经济发展管理部门对推动绿色发展、促进经济社会的可持续发展至关重要。通过推广清洁能源、鼓励企业采用低碳技术和设备、优化产业结构、加强环境治理等措施,经济发展管理部门可以有效推动绿色发展,实现经济与环境的双赢。同时,加国家际合作也是应对全球环境问题的重要途径。通过积极参与国际环保协议和谈判、引进国际先进技术等措施,可以进一步提升我国绿色发展的水平。

3.完善体制机制

随着全球环境问题日益严重,生态保护和绿色发展已成为各国共同关注的重要议题。为了实现经济与环境的和谐共生,不仅需要经济发展管理部门和环境监管部门的共同努力,更需要两者之间的紧密合作,建立健全的体制机制。

(1)建立完善的法律法规体系

①法律基础的重要性:法律法规是推动生态保护和绿色发展的基石。通过制定和完善相关法律法规,为各项工作提供明确的法律依据。

②适应时代发展的法律框架:随着环境问题的不断演变,法律法规也应与时俱进,确保其能够反映当前的环境保护需求和技术发展水平。

③法律执行与监督:确保法律法规得到有效执行,加强环境监管部门对违法行为的查处力度,提高违法成本,形成有效的威慑力。

(2)加强部门协作和联动

①信息共享与沟通机制:经济发展管理部门和环境监管部门之间应建立常态化的信息交流平台,确保双方能够及时了解彼此的工作动态和需求。

②共同参与决策:在涉及生态保护和绿色发展的重大决策过程中,应邀请双方共同参与,充分听取意见,确保决策的科学性和合理性。

③资源整合与互补:两个部门在技术和资源上各有优势,通过有效的协作,可以实现资源整合,提高工作效率。

(3)强化监督管理和考核评价机制

①明确责任分工:对各项工作进行细化分工,明确责任归属,确保每一项任务都能找到相应的责任主体。

②考核与奖惩制度:建立科学的考核评价体系,对各部门和个人的工作成效进行客观评价。对于表现突出的部门和个人给予奖励,对于工作不力的进行

适当的惩罚。

③持续改进与优化:根据考核评价结果,及时调整工作策略和方法,持续优化体制机制,确保其始终能够反映当前的环境保护需求和社会发展状况。

建立健全生态保护和绿色发展的体制机制是实现经济与环境和谐共生的关键。通过完善法律法规、加强部门协作、强化监督管理和考核评价等措施,可以形成一套行之有效的体制机制,为我国的生态保护和绿色发展提供坚实的制度保障。同时,这一过程也需要社会各界的广泛参与和支持,共同为建设美丽中国贡献力量。

6.5.3　政策扶持

加强生态保护,实现绿色发展是西北地区乡村振兴的重要策略之一,政府应加大扶持力度。政府加大对生态保护和绿色发展的政策扶持力度,可以从以下几个方面进行具体分析。

1. 财政资金支持

财政资金作为国家重要的经济杠杆,对于推动生态保护和绿色发展具有举足轻重的作用。管理部门通过设立专项资金、增加预算投入等手段,为相关项目和产业提供财政支持,不仅有助于解决资金缺口,还能有效引导社会资本的流入,形成良好的示范效应。

(1)设立专项资金

①专款专用:设立专项资金的最大优势在于确保资金用途的专一性。以西北地区退耕还林、水土保持等生态修复工程为例,专项资金可以确保这些工程得到持续、稳定的资金支持,避免因资金短缺而影响工程进度或质量。

②快速响应:一旦确定需要支持的项目或产业,专项资金可以迅速到位,为相关主体提供及时的资金援助,帮助其渡过难关或抓住发展机遇。

(2)增加预算投入

①持续支持:通过增加预算投入,管理部门可以确保对生态保护和绿色发展的支持是长期、持续的。这为相关项目和产业的长期发展提供了稳定的预期。

②扩大影响:预算的增加不仅可以为已有项目提供更多支持,还可以为更多新项目、新产业提供启动资金,从而加快其发展步伐。

（3）引导社会资本

①杠杆效应：财政资金的投入可以产生"杠杆效应"，吸引更多社会资本参与生态保护和绿色发展项目。例如，政府对绿色农业或生态旅游产业的财政支持，可以鼓励更多企业、个人投资这些领域。

②降低风险：财政资金的支持可以为投资者提供一定的风险保障，降低其投资顾虑，从而加速社会资本的流入。

（4）推动产业转型升级

①优化产业结构：通过对绿色产业、生态旅游等产业的扶持，管理部门可以推动地区或国家产业结构的优化升级，减少对高污染、高耗能产业的依赖。

②提升国际竞争力：随着全球对环保问题的日益重视，绿色产业正成为新的竞争焦点。通过财政资金的支持，可以提升相关产业的国际竞争力，抢占未来市场先机。

财政资金在生态保护和绿色发展中起到了关键的推动作用。通过设立专项资金、增加预算投入等手段，不仅可以解决实际项目的资金缺口问题，还能有效引导社会资本参与，促进产业转型升级。为了更有效地发挥财政资金的效用，建议管理部门进一步优化资金使用机制，加强监督与评估，为我国的生态文明建设做出更大的贡献。

2. 税收优惠

税收优惠是国家为了引导和鼓励特定领域或行业的发展而采取的税收减免或降低的措施。在生态保护和绿色发展中，通过制定合理的税收优惠政策，可以有效地激发企业和个人的参与积极性，推动相关事业的快速发展。

（1）针对企业的税收优惠

①降低经营成本：通过减免部分税费，企业可以降低自身的经营成本，提高盈利能力。这为企业投入更多的资源用于生态保护和绿色发展提供了动力。

②提高市场竞争力：在绿色产业领域，税收优惠可以使企业在市场上获得价格优势，从而更容易获得市场份额。这有助于企业在竞争激烈的市场中脱颖而出。

③激发创新活力：税收优惠政策还可以针对企业的研发活动给予额外的减免，鼓励企业在绿色技术、生态修复等领域进行更多的创新尝试。

（2）针对个人的税收优惠

①提高参与度：通过制定个人所得税优惠政策，管理部门可以激励更多社

会人士参与到生态保护和绿色发展的活动中来。例如,对参与环保志愿活动或相关研究的人士给予一定的税收减免。

②培养公众意识:个人所得税的优惠政策不仅是一种物质奖励,更是一种价值观的引导。它告诉公众,国家和社会对个人在生态保护方面的付出是认可和鼓励的。

(3)优化资源配置

①引导资本流动:税收优惠可以作为"指挥棒",引导社会资本流向更环保、更可持续的产业和项目,从而实现资源的优化配置。

②平衡经济发展与环境保护:通过税收优惠政策,管理部门可以在一定程度上平衡经济发展与环境保护之间的关系,实现两者的和谐共生。

(4)国际合作与交流

①增国家际竞争力:在全球范围内,许多国家都在利用税收优惠政策来推动本国的绿色产业发展。通过制定相应的税收优惠措施,可以加强我国在这些领域的国际竞争力。

②促进技术交流:税收优惠还可以作为国际间技术交流与合作的"桥梁"。通过税收减免等措施,可以吸引国外先进技术和管理经验,加速我国在生态保护和绿色发展方面的进步。

税收优惠是激励生态保护和绿色发展的重要政策工具。通过减轻企业和个人的税收负担,可以刺激其积极参与相关活动,推动产业升级和社会可持续发展。为了更好地发挥税收优惠的作用,建议管理部门在制定具体政策时,充分考虑不同行业、不同地区的特点和需求,确保政策的针对性和有效性。同时,加强政策的宣传和解读,提高企业和个人的知晓率和参与度,共同为实现绿色发展目标努力。

3. 金融信贷支持

金融信贷作为现代经济的重要组成部分,对于生态保护和绿色发展具有重要的推动作用。通过合理引导和鼓励金融机构加大对相关领域的支持力度,可以有效解决企业在发展过程中面临的资金瓶颈,促进产业可持续发展。

(1)低息贷款与信用担保

①降低融资成本:为企业提供低息贷款意味着降低了其融资成本,从而减轻了经营负担。这对于处于起步阶段或资金需求量较大的绿色产业来说,无疑是雪中送炭。

②信用担保机制：为相关企业提供信用担保，可以帮助它们获得更多的融资机会，尤其是对于那些资产较少、抵押品不足的企业来说。这为它们在市场竞争中获得更大的优势。

（2）支持重点产业

①绿色农业：通过金融信贷支持，可以为绿色农业提供必要的资金支持，促进其技术升级和规模扩张。这有助于提高农产品的品质和产量，同时减少对环境的负面影响。

②生态旅游：生态旅游作为绿色产业的重要组成部分，金融信贷的支持可以帮助相关企业开发更多具有吸引力的旅游产品，提升服务质量，进一步推动生态旅游的发展。

（3）创新金融产品与服务模式

①多样化融资工具：随着绿色产业的发展，传统的金融产品和服务模式可能无法满足企业的多样化需求。因此，鼓励金融机构创新金融工具，如绿色债券、绿色基金等，为企业提供更多的融资选择。

②服务模式创新：除了产品创新外，金融机构还需要在服务模式上进行创新。例如，简化贷款审批流程、提高金融服务效率等，以满足企业在短时间内对资金的需求。

（4）风险管理与社会责任

①风险管理：在提供金融信贷支持时，金融机构需要充分考虑风险因素。因此，建立健全的风险评估和管理机制是必要的，能够确保资金的安全性。

②社会责任：作为社会的一份子，金融机构在追求经济效益的同时，还需要积极履行社会责任。通过加大对生态保护和绿色发展的支持力度，可以促进社会经济的可持续发展。

金融信贷支持是推动生态保护和绿色发展的重要手段之一。通过引导和鼓励金融机构加大对相关领域的支持力度，可以为企业提供必要的资金支持，帮助它们克服资金瓶颈，进一步促进产业的可持续发展。为了更好地发挥金融信贷支持的作用，建议管理部门加强与金融机构的合作与沟通，共同制定符合产业发展需求的金融政策，同时加强政策宣传和执行力度，确保政策的有效落地。

4.建立健全政策落实和监督机制

政策的有效实施和监督是确保生态保护和绿色发展取得实效的关键。建立健全的政策落实和监督机制,可以确保各项政策措施得到切实执行,避免政策落空或执行不力的情况发生。

(1)政策落实跟踪评估机制

①定期监督检查:建立定期的监督检查机制,确保各政策措施得到有效执行。这包括对政策的实施进度、效果进行实时跟踪,及时发现问题并采取相应措施。

②评估反馈:通过对政策实施情况进行评估,获得反馈信息,为政策调整和完善提供依据。这有助于及时纠正政策执行中的偏差,提高政策实施效果。

(2)社会监督和舆论监督

①社会监督:鼓励社会各界参与对政策落实的监督。这可以通过公开透明的方式,吸引公众、企业、社会组织等共同参与,形成多元化的监督体系。

②舆论监督:借助媒体和舆论的力量,对政策实施进行广泛关注和监督。通过媒体报道、舆论调查等方式,及时反映政策执行中的问题,促进相关部门积极应对。

(3)公众参与和意识提升

①提高公众参与度:通过建立健全的政策落实和监督机制,提高公众对生态保护和绿色发展事业的参与度。这有助于形成全社会共同关注和参与的良好氛围。

②意识提升:通过政策宣传和教育,提高公众对生态保护和绿色发展的认识和理解。培养公众的环保意识和绿色发展观念,促进全社会的共同进步。

(4)加强合作与沟通

①管理部门合作:建立健全的政策落实和监督机制需要各管理部门之间的密切合作与沟通。通过建立有效的协调机制,确保各项政策措施得到统一、协调的实施。

②信息共享与交流:加强各管理部门之间的信息共享与交流,及时了解政策执行情况,共同解决执行中的问题。这有助于提高政策实施效率,确保政策目标的顺利实现。

建立健全的政策落实和监督机制是确保生态保护和绿色发展取得实效的重要保障。通过建立政策落实跟踪评估机制、加强社会监督和舆论监督、提高公众参与度和加强合作与沟通等多方面措施,可以有效保障政策的执行效果,推动生态保护和绿色发展事业取得更大的成果。同时,这一机制也有助于提高政府公信力,增强社会对政府工作的信任和支持。

综上所述,管理部门应加大对生态保护和绿色发展的政策扶持力度,从财政资金支持、税收优惠、金融信贷等方面入手,建立健全政策落实和监督机制,确保政策落地生根、取得实效,推动西北地区乡村振兴取得更加显著的成效。

第7章 结论与展望

在广袤的中国西北地区,乡村振兴不仅是经济发展的需要,更是文化传承和社会和谐的重要基石。面对诸多挑战,我们必须以创新、协调、绿色、开放、共享的新发展理念为指导,积极探索适合西北地区特色的乡村振兴之路。

乡村振兴,生态为基。我们要在保护好自然环境的基础上,推动农业现代化,实现经济与环境的双赢。同时,要注重乡村文化的传承与创新,让乡村成为有历史、有温度、有活力的生活空间。

人才是乡村振兴的关键。我们要通过政策引导和市场机制,吸引各类人才投身乡村建设,同时培养一支懂农业、爱农村、爱农民的干部队伍。只有这样,我们才能为乡村振兴注入源源不断的活力。

展望未来,西北地区的乡村振兴有着广阔的发展前景。我们将继续深化改革,优化产业结构,加强基础设施建设,提高农民素质,加强生态环境保护,并积极开展国际合作。我们坚信,在全社会的共同努力下,西北地区的乡村振兴必将取得新的更大的成就。

7.1 研 究 结 论

近年来,中国西北地区的乡村振兴工作取得了显著成效,但仍面临诸多挑战。在深入研究和分析的基础上,我们得出以下几点结论。

7.1.1 资源优势与产业振兴

资源优势与产业振兴——是西北地区的可持续发展之路。西北地区,这片广袤的土地,拥有着丰富的自然资源和深厚的文化底蕴。如何将这些资源优势转化为经济优势,推动产业振兴,是摆在我们面前的重要课题。

1. 资源概述

西北地区在我国内陆占据了广袤的土地,这片土地上蕴藏着丰富的矿产资源以及得天独厚的风能、太阳能资源。这些资源为该地区的可持续发展提供了坚实的基石。

(1)矿产资源

矿产资源是西北地区的一大财富。我国西北地区分布着大量的煤炭、石油、天然气等传统能源资源,这些资源的开采和利用为该地区的经济发展提供了强大的动力。同时,西北地区还蕴藏着丰富的金属和非金属矿产资源,如稀土、钨、钼等,这些矿产资源的开发利用对于我国工业发展具有重要意义。

(2)风能、太阳能资源

西北地区的风能、太阳能资源非常丰富。由于地处内陆,气候干燥,这里的风力和光照条件得天独厚,为风能和太阳能的开发利用提供了广阔的空间。近年来,随着技术的进步和政策的支持,西北地区的风能和太阳能产业得到了迅速发展。这些清洁能源的开发利用不仅有助于缓解当地的能源短缺问题,还有助于减少环境污染,推动能源结构的转型升级。

(3)土地资源

西北地区的土地资源也非常丰富。这里地广人稀,土地类型多样,既有广袤的草原,也有肥沃的耕地。这些土地资源为农业和畜牧业的发展提供了良好的条件。通过合理的土地利用和农业技术革新,使西北地区的农业和畜牧业发展潜力巨大。

(4)面临的挑战

虽然资源丰富,西北地区的可持续发展仍面临一些挑战。如资源的合理开发与利用、生态环境保护、产业结构调整等问题。因此,在利用资源的同时,西北地区还需要注重生态环境的保护和产业结构的优化升级,实现经济、社会和环境的协调发展。

综上所述,西北地区拥有的丰富资源为其可持续发展提供了有力支撑。在未来的发展中,应充分利用这些资源优势,同时注重生态环境保护和产业结构调整,推动西北地区的经济、社会和环境的可持续发展。

2. 特色农业发展

西北地区地广人稀,土地资源丰富,为特色农业的发展提供了广阔的空间。例如,可以因地制宜地发展具有地方特色的种植、养殖业,如马铃薯、中草药种植和牛、羊养殖等。这些特色农业不仅可以满足市场需求,还可以带动乡村经济的增长,为农民创造更多就业机会。

(1)马铃薯

马铃薯是西北地区的一种重要农作物。由于气候适宜和土地资源丰富,西北地区的马铃薯种植规模较大,品质优良。通过推广先进的种植技术,提高马铃薯的产量和品质,可以满足国内外市场的需求,增加农民的收入。

(2)中草药

中草药种植也是西北地区特色农业的一大亮点。西北地区拥有丰富的中草药资源,如甘草、枸杞等。这些中草药具有很高的药用价值和市场需求。通过合理开发利用中草药资源,推广标准化种植技术,提高中草药的产量和品质,可以为制药、保健品等行业提供优质的原料,同时带动农民增收致富。

(3)畜牧业

西北地区的畜牧业也具有很大的发展潜力。由于地广人稀,草地资源丰富,西北地区非常适合发展牛、羊等草食牲畜的养殖。通过引进优良品种、提高养殖技术和管理水平,可以增加牛、羊肉的产量和品质,满足市场需求,同时带动相关产业的发展,如饲料加工、屠宰加工等。

综上所述,西北地区地广人稀、土地资源丰富的特点为其特色农业的发展提供了广阔的空间。通过因地制宜地发展具有地方特色的种植、养殖业,可以满足市场需求,带动乡村经济的增长,为农民创造更多就业机会。为了实现可持续发展,还需要注重生态环境的保护和农业技术的创新,推动农业现代化进程。

3.绿色能源产业

西北地区的风能、太阳能资源十分丰富,为绿色能源产业的发展提供了得天独厚的条件。同时对于环境保护和能源结构调整具有重要意义。

(1)风能

风能是一种广泛存在的自然能源,西北地区由于地形复杂、气候条件适宜,拥有丰富的风能资源。通过建设风力发电项目,可以将风能转化为电能,为当地提供清洁、可再生的电力。风力发电不仅可以减少对化石燃料的依赖,降低碳排放,还有助于改善当地能源结构,提高能源自给率。

(2)太阳能

太阳能也是一种潜力巨大的可再生能源。西北地区的日照时间长,太阳辐射强度高,非常适合发展太阳能发电。通过建设太阳能发电项目,利用光伏效应将太阳能转化为电能,可以实现能源的绿色、可持续发展。太阳能发电不仅可以减少温室气体排放,还有助于缓解能源压力,提高能源利用效率。

（3）带动相关产业

风能和太阳能发电项目在建设过程中需要大量的原材料和设备,可以带动相关产业的发展,为当地创造大量的就业机会。同时,这些项目的运营和维护也需要一定的人力资源,可以提供长期稳定的就业岗位。

综上所述,西北地区丰富的风能、太阳能资源为绿色能源产业的发展提供了得天独厚的条件。通过合理开发和利用这些清洁能源,不仅可以减少对环境的污染,降低碳排放,还有助于改善当地能源结构,提高能源自给率。同时,可以创造大量的就业机会,促进当地经济的可持续发展。为了更好地利用这些资源,还需要加强技术创新和产业升级,提高可再生能源的转化效率和经济效益。

4. 文化产业

西北地区拥有丰富的历史文化资源,可以为文化产业的发展提供有力的支撑。通过合理利用和开发这些资源,可以为文化产业的发展提供有力的支撑,促进当地经济的多元化发展。

（1）历史文化资源

西北地区的历史文化资源具有独特的地方特色,可以作为发展文化旅游的重要依托。当地可以挖掘历史古迹、民俗文化、传统手工艺等资源,打造具有地方特色的文化旅游项目。通过吸引游客前来参观、体验和学习,可以促进当地旅游业的发展,增加经济收入。

（2）文化艺术资源

西北地区的文化艺术资源也非常丰富。当地可以依托这些资源,发展艺术品制作和表演艺术等产业。例如,可以挖掘当地的传统手工艺,制作具有地方特色的工艺品,通过艺术展览、销售等方式推向市场。同时,也可以利用当地的民间音乐、舞蹈等资源,发展表演艺术产业,通过演出、文化交流等方式展示当地的文化魅力。

（3）带动相关产业

西北地区文化产业的发展还可以带动相关产业的发展。例如,文化旅游的发展可以带动餐饮、住宿、交通等相关产业的发展,艺术品制作和表演艺术等产业也可以带动相关产业链的发展。这些产业的繁荣可以为当地创造更多的就业机会和经济效益。

综上所述,西北地区丰富的历史文化资源可以为文化产业的发展提供有力的支撑。通过合理利用和开发这些资源,不仅可以传承和弘扬当地的文化传统,还可以带动相关产业的发展,创造经济效益。为了更好地发展文化产业,还需要加强人才培养、品牌建设、市场营销等方面的工作,提高文化产业的竞争力和影响力。

5.产业转型升级与乡村经济实力提升

西北地区拥有丰富的资源优势,包括土地、风能、太阳能等,这些资源为特色农业、绿色能源产业和文化产业的发展提供了有利条件。利用这些资源优势发展特色产业,不仅可以推动当地的产业转型升级,还可以提高经济的竞争力和创造力,为当地创造更多的就业机会,提升乡村经济实力。

(1)特色农业

特色农业是西北地区的重要发展方向之一。由于西北地区的气候和土壤条件独特,可以种植一些具有地方特色的农作物,例如优质小麦、棉花、瓜果等。通过发展特色农业,不仅可以提高农产品的附加值和市场竞争力,还可以带动相关产业链的发展,例如农产品加工、仓储物流等。这不仅可以增加农民的收入,还可以为当地创造更多的就业机会,促进乡村经济的发展。

(2)绿色能源产业

绿色能源产业是西北地区具有优势的产业之一。西北地区风能和太阳能资源丰富,可以发展风电和光伏发电等产业。这些产业不仅可以为当地提供清洁能源,还可以带动相关产业链的发展,例如设备制造、安装维护等。此外,绿色能源产业的发展还可以为当地创造更多的就业机会,促进经济的多元化发展。

(3)文化产业

文化产业是西北地区具有潜力的产业之一。西北地区拥有丰富的历史文化和艺术资源,可以发展文化旅游、艺术品制作、表演艺术等产业。这些产业不仅可以传承和弘扬当地的文化传统,还可以带动相关产业的发展,例如旅游服务、广告宣传等。通过发展文化产业,可以为当地创造更多的就业机会和经济效益,促进经济的可持续发展。

综上所述,利用资源优势发展特色农业、绿色能源产业和文化产业,可以推动西北地区的产业转型升级。这不仅可以提高当地经济的竞争力,还可以为当地创造更多的就业机会和经济效益。通过产业的转型升级,西北地区可以逐步摆脱对传统产业的依赖,实现经济的多元化发展,进一步提升乡村经济实力。同时,也为西北地区带来了新的发展机遇和挑战。在未来发展中,应继续深化改革,加强政策引导和市场机制建设,促进资源优势的进一步发挥和经济社会的可持续发展。

7.1.2　基础设施建设与民生改善

基础设施建设与民生改善——是乡村振兴的重要基石。乡村的振兴,不仅仅是经济的增长,更是全方位、多维度的整体提升。其中,基础设施建设与民生改善起着至关重要的作用。基础设施是一个地区发展的"血管",为经济活动、居民生活提供必要的"养分"。

1. 基础设施建设的意义

(1)经济活动的基石

基础设施建设是乡村经济发展的前提。无论是农业生产还是工业发展,都离不开良好的基础设施支持。

(2)提高生活质量

基础设施的完善直接关系到农民的生活质量。便捷的交通、充足的水源和良好的通信条件,都是提高农民生活水平的关键因素。

(3)促进城乡一体化

城乡差距的一个主要体现就是基础设施的差距。加强乡村基础设施建设,有助于缩小城乡差距,推动城乡一体化进程。

2. 基础设施建设的具体内容

(1)交通

修建和维护乡村道路,确保农用车辆和村民出行方便。

(2)水利

建设和完善农田水利设施,确保农田灌溉和村民饮用水安全。

(3)通信

提高通信网络覆盖率,让每个乡村都能接入互联网,满足村民的信息需求。

(4)教育、卫生等公共服务

加强学校、医院等公共设施建设,提高乡村公共服务水平。

3. 基础设施建设对民生的影响

（1）生产效率提高

良好的交通条件使得农资和农产品能够快速流通，提高了生产效率。

（2）生活品质提升

通信和网络的普及让农民能够接触到更多的信息和资源，丰富了他们的精神生活。

（3）教育、医疗条件的改善

学校和医院的设施升级，为农民提供了更好的教育和医疗服务。

（4）就业机会增加

基础设施建设本身就会创造大量的就业机会，同时也有助于吸引外部投资，从而增加更多的就业岗位。

4. 实施策略与建议

（1）政策引导与资金支持

政府应出台相关政策，引导和支持基础设施建设，同时提供必要的资金保障。

（2）村民参与

鼓励村民参与到基础设施建设的过程中，提高他们的主人翁意识。

（3）技术与培训支持

为农民提供必要的技术和培训支持，使他们能够更好地利用基础设施。

（4）持续管理与维护

建立基础设施的持续管理与维护机制，确保设施长期有效运行。

综上所述，基础设施建设与民生改善是乡村振兴不可或缺的一环。只有当农民真正享受到基础设施带来的便利，他们的生产和生活条件得到实质性的改善，乡村振兴的目标才能真正实现。

7.1.3　生态保护与绿色发展

生态保护与绿色发展——是西北地区乡村振兴的关键。西北地区作为我国重要的生态屏障和战略资源储备区，其生态环境脆弱，这为乡村振兴提出了特殊的挑战与机遇。生态保护与绿色发展在此区域的地位显得尤为重要，二者相辅相成，互为依托。

1.西北地区生态环境的特殊性

西北地区拥有丰富的自然资源和独特的生态系统,包括土地、风能、太阳能等,以及独特的生态系统,这些资源为特色农业、绿色能源产业和文化产业的发展提供了有利条件。然而,该地区也面临着荒漠化、土地退化、水资源短缺等严峻的环境问题。这些问题不仅对该地区的生态环境造成威胁,还对经济发展产生制约。

(1)荒漠化和土地退化问题

荒漠化和土地退化是西北地区面临的主要环境问题之一。由于气候变化和人为因素,该地区的荒漠化趋势不断加剧,土地质量下降,导致农业生产受到严重影响。为了解决这一问题,需要采取一系列措施,例如植树造林、水土保持、土地复垦等,以恢复和保护土地资源,提高土地生产力和生态系统的稳定性。

(2)水资源短缺问题

水资源短缺也是西北地区面临的重要环境问题之一。由于气候变化和不合理的水资源管理,该地区的水资源日益减少,对农业生产和居民生活造成严重影响。为了解决这一问题,需要采取节水灌溉、水权分配、水资源管理等措施,以提高水资源的利用效率和可持续性。

(3)挑战与机遇并存

面临这些环境问题,西北地区的生态保护任务非常艰巨,但也为其绿色发展提供了广阔的空间。通过发展绿色能源产业和文化产业,可以促进经济的可持续发展,减少对自然资源的过度依赖和破坏。例如,发展风电和光伏发电等绿色能源产业,可以减少对化石能源的依赖,降低碳排放;发展文化产业可以促进当地的文化传承和创新,提高文化软实力。

综上所述,西北地区在面临严峻环境问题的同时,也拥有丰富的自然资源和独特的生态系统,为其绿色发展提供了广阔的空间。通过采取一系列措施,可以促进经济的可持续发展和生态环境的保护。这不仅可以提高当地的经济竞争力,还可以为当地创造更多的就业机会和经济效益,实现经济发展与生态保护的良性循环。

2.生态保护与绿色发展的相互关系

(1)生态保护是基础

只有确保生态环境的健康与稳定,才能为绿色发展提供持续的动力和支撑。

（2）绿色发展是目标

通过合理的经济发展方式,逐步改善西北地区人民的生活质量,同时最小化对生态环境的负面影响。

（3）良性循环是愿景

经济发展与生态保护应形成良性循环,使二者相互促进,共同发展。

3.实施策略与建议

（1）加强生态修复与环境治理

采取科学手段,如植被恢复、水土保持等,对受损的生态系统进行修复。同时,加强环境治理,减少污染排放。

（2）推广绿色技术与清洁能源

鼓励西北地区采用绿色生产方式,如风能、太阳能等可再生能源,减少对化石燃料的依赖。

（3）建立生态补偿机制

通过政府引导和市场运作,建立生态补偿机制,激励企业和个人参与生态保护工作。

（4）加强法律法规建设

完善相关法律法规,严格执法,确保生态保护与绿色发展的各项措施得以有效实施。

（5）提高公众意识

加强生态教育,提高西北地区公众的环保意识,使每个人都成为生态保护的参与者和推动者。

西北地区的乡村振兴离不开生态保护与绿色发展。只有坚持人与自然和谐共生的理念,才能实现该地区的可持续发展。通过政府、企业和公众的共同努力,我们相信西北地区能够在保护生态环境的同时,实现经济的繁荣和社会的进步。

7.1.4　人才引进与培养

人才引进与培养——是乡村振兴的关键驱动力。在乡村振兴的大背景下,人才的重要性日益凸显。人才不仅是推动乡村经济发展的核心力量,更是提升乡村社会治理能力、促进文化和教育繁荣的关键因素。针对当前乡村面临的人才困境,必须采取有效措施,大力引进和培养人才,为乡村振兴提供源源不断的智力支持。

1. 人才引进:激活乡村发展新动能

(1)政策引导

政府应出台一系列优惠政策,如提供创业资金、税收减免、住房补贴等,吸引各类人才返乡创业。同时,应简化行政手续,降低创业门槛,为人才提供便捷的服务。

(2)市场机制

充分发挥市场在资源配置中的决定性作用,建立完善的人才市场体系。通过搭建乡村人才服务平台,实现人才与市场的有效对接,促进人才流动。

(3)多元化引进

除了传统意义上的农业、教育、医疗等领域的人才,还应注重引进具有现代企业管理、电子商务、文化创意等领域的人才,为乡村产业升级和业态创新注入新活力。

2. 人才培养:提升农民素质与技能

(1)教育培训

建立健全农民教育培训体系,通过开展短期培训、学历教育等多种形式,提高农民的科技文化素质和就业创业能力。同时,应注重培养农民的现代农业经营理念和市场营销意识。

(2)产教融合

推动职业教育与乡村产业的深度融合,鼓励职业院校在乡村设立分校或实训基地,为乡村产业提供源源不断的技术技能人才。

(3)乡土文化传承

重视乡土文化的传承与发展,通过开展文化活动、建设文化设施等方式,提高农民的文化素养和审美水平,丰富乡村文化内涵。

3. 成效与展望

引进和培养人才对于乡村的发展至关重要。人才是推动经济社会发展的关键因素,特别是在乡村地区,人才资源的匮乏往往是制约发展的重要瓶颈。通过引进和培养人才,乡村将获得新的发展动力,为乡村振兴注入活力。

(1)人才的引进和培养将促进乡村产业的发展

在乡村地区,产业兴旺是乡村振兴的基础。通过引进具有专业技能和创新精神的人才,乡村可以发展特色农业、乡村旅游、手工艺等产业,提高产品的附加值和市场竞争力。同时,这些人才将带来新的思维和理念,推动乡村产业的转型升级,实现可持续发展。

(2)人才的引进和培养将改善乡村的生态环境

生态宜居是乡村振兴的重要目标之一。通过引进环保、生态等方面的专业人才,乡村可以制定科学合理的生态保护和环境治理方案,提高乡村环境的品质。同时,这些人才将倡导绿色发展理念,引导村民树立环保意识,实现经济发展与生态保护的良性循环。

(3)人才的引进和培养将提升乡村的文化内涵

乡风文明是乡村振兴的灵魂。通过引进文化创意、艺术等方面的人才,乡村可以挖掘和传承本土文化,打造具有特色的文化品牌。同时,这些人才将为乡村带来丰富的文化活动和艺术氛围,提高村民的文化素养和生活品质。

(4)人才的引进和培养将优化乡村的治理体系

治理有效是乡村振兴的重要保障。通过引进具有管理、法律等专业背景的人才,乡村可以建立健全的治理体系,提高村级组织的执行力和服务水平。同时,这些人才将参与乡村规划和基础设施建设,推动乡村的现代化进程。

(5)人才的引进和培养将增加乡村的民生福祉

生活富裕是乡村振兴的根本目的。通过引进具有经济、教育、医疗等专业背景的人才,乡村可以提升民生保障水平,增加村民的收入来源。同时,这些人才将为乡村提供更好的教育和医疗资源,提高村民的生活质量和幸福感。

综上所述,通过引进和培养人才,乡村将迎来新的发展机遇。在人才的推动下,产业兴旺、生态宜居、乡风文明、治理有效、生活富裕的乡村振兴画卷将逐步变为现实。同时,随着人才的不断汇聚,乡村将成为创新创业的热土,城乡差距将逐步缩小,最终实现城乡一体化发展。因此,应当高度重视人才的引进和培养工作,为乡村振兴提供有力的人才支撑。

总之,人才是乡村振兴的关键因素。只有不断加强人才引进和培养工作,才能为乡村提供源源不断的发展动力。让我们共同努力,打造一支规模宏大、素质优良、结构合理的乡村人才队伍,为实现乡村振兴战略目标做出更大的贡献。

7.1.5 创新驱动与科技支撑

创新驱动与科技支撑——是乡村振兴的引擎与基石。在乡村振兴的大背景下,创新和科技的重要性日益凸显。创新不仅是推动乡村经济发展的核心动力,更是提升乡村社会治理能力、促进文化和教育繁荣的关键因素。针对当前乡村面临的发展困境,必须采取有效措施,大力鼓励创新,加强科技支撑,为乡村振兴提供源源不断的发展动力。

1. 创新驱动:激发乡村发展活力

(1)鼓励乡村创新

政府和社会应积极鼓励乡村基层创新,支持农民和乡村企业发挥创造力,探索适合当地发展的新模式、新业态。

(2)推广先进技术和管理经验

通过示范项目、技术推广等方式,将现代农业技术和管理经验引入乡村,提高农业生产效率和农村管理水平。

(3)培养创新人才

加强乡村人才培养,特别是针对有创新精神和能力的年轻人,提供创业扶持和技能培训,激发他们的创新潜力。

2. 科技支撑:提升农业现代化水平

(1)加强科技创新

鼓励科研机构和企业加大农业科技研发投入,突破关键技术瓶颈,提高农业科技自主创新能力。

(2)推广智能农业

利用物联网、大数据、人工智能等技术,推动农业数字化转型,实现精准农业和智慧农业。

(3)提高农业科技含量和附加值

通过科技创新,增加农产品科技含量,提高农产品附加值和市场竞争力,促进农业产业链升级。

3. 成效与展望

通过创新驱动和科技支撑,乡村将迎来新的发展机遇。农业现代化水平将大幅提升,农村产业结构将更加合理,农民收入将持续增长。同时,乡村环境将得到有效改善,生态保护与经济发展将实现良性循环。城乡差距将逐步缩小,最终实现城乡一体化发展。

创新和科技是乡村振兴的动力源泉和重要基石。只有不断加强创新驱动和科技支撑,才能为乡村提供源源不断的发展动力。让我们共同努力,打造一个充满活力、富有创新精神的乡村,为实现乡村振兴战略目标做出更大的贡献。

7.1.6　文化传承与创新

文化传承与创新——是西北地区乡村文化发展的新篇章。西北地区,这片充满历史和民族文化气息的土地,拥有着丰富的文化资源。在乡村振兴的大背景下,如何将这些宝贵的文化资源转化为乡村发展的动力,成为重要的议题。文化传承与创新,无疑是推动西北地区乡村文化繁荣发展的关键。

1. 挖掘与利用:文化的价值重现

西北地区的历史文化和民族文化资源,具有极高的历史、艺术和科学价值。然而,随着时代的变迁,许多珍贵的文化遗产正面临着消失的风险。因此,首要任务是深入挖掘这些文化资源,对其进行系统的整理和保护。通过建立文化档案、修复文物、传承非物质文化遗产等方式,确保这些文化的长久保存和流传。

2. 文化产业:乡村发展的新引擎

文化产业是当前经济发展的重要支柱,也是乡村经济转型的重要方向。西北地区的民间工艺、特色表演、传统节庆等,都是可以开发的宝贵资源。通过市场化运作,将这些文化资源转化为具有竞争力的文化产品和服务,不仅能够创造经济价值,还能为当地居民提供就业机会,提高生活水平。

3. 文化旅游:融合发展的新路径

文化与旅游的结合,是当前旅游发展的新趋势。西北地区独特的自然景观与丰富的民族文化相互融合,为文化旅游提供了得天独厚的条件。通过打造特色文化旅游线路、开发文化体验活动、提升旅游服务品质等措施,吸引更多的游客前来体验和感受西北的文化魅力。

4. 教育普及:文化传承的基石

要实现文化的传承与创新,教育是关键。西北地区应加强文化教育,提高当地居民对自身文化的认知和认同感。通过学校教育、社区培训、文化活动等多种形式,普及文化遗产知识,培养新一代的文化传承者。

5. 政策扶持与合作交流

政府应加大对西北地区文化传承与创新的支持力度,制定优惠政策,引导和鼓励社会资本进入文化产业领域。同时,加强与国内外相关机构的合作与交流,引进先进的文化产业管理经验和技术,推动西北地区文化产业的高质量发展。

西北地区的文化传承与创新,是乡村振兴战略的重要组成部分。通过深入挖掘和利用文化资源、发展文化产业、推进文化旅游、加强教育普及等多项措施的落实,我们相信西北地区的乡村文化将迎来一个繁荣发展的新篇章。这不仅能够丰富当地民众的精神生活,提升乡村整体形象,还将为整个国家乃至世界的文化交流与合作做出积极贡献。

7.1.7　政策支持与制度保障

政策支持与制度保障——是西北地区乡村振兴的关键。西北地区作为我国的重要区域,其乡村振兴工作对于整个国家的发展都具有重要意义。在实施乡村振兴的过程中,政策支持和制度保障发挥着至关重要的作用。

1. 政策支持:定向引导,精准发力

为了推动西北地区的乡村振兴,政府必须制定一系列有针对性的政策,包括财政、税收、金融等方面的优惠政策,以及针对乡村特色产业、人才培养、基础设施建设等方面的专项政策。这些政策旨在创造一个有利于乡村发展的良好环境,降低市场准入门槛,吸引更多的社会资本和人才流向乡村地区。

2. 制度保障:规范行为,确保公平

除了提供政策支持外,政府还需要建立健全相关法律法规和规章制度,以确保乡村振兴工作的规范化和可持续性。这包括土地管理制度、环境保护制度、乡村治理制度等,以确保乡村振兴过程中的公平、公正和透明。

3. 鼓励社会力量参与:多元投入,共建共享

乡村振兴不能仅仅依靠政府的力量,还需要广泛动员社会力量参与。政府应鼓励企业、社会组织和个人等各类主体参与到乡村振兴工作中来,形成多元投入和共建共享的格局。这不仅可以缓解政府的财政压力,还能促进社会资本的合理配置和有效利用。

4. 跨区域合作与交流:互学互鉴,协同发展

西北地区可以与国内其他地区以及国际组织开展合作与交流,分享乡村振兴的经验和做法。通过互学互鉴,西北地区可以吸收先进的理念和技术,找到适合自身发展的路径。同时,这种跨区域合作与交流也有助于推动区域间的协

同发展,缩小地区间的差距。

5.持续监测与评估:确保成果,不断完善

为了确保乡村振兴工作的有效性和持续性,必须建立一套完善的监测与评估机制。通过对乡村振兴工作的定期评估,可以及时发现问题和不足之处,为政策的调整和完善提供依据。同时,评估结果还可以作为激励和奖惩的依据,鼓励先进、鞭策后进。

综上所述,政策支持和制度保障是西北地区乡村振兴的关键所在。只有建立健全的政策体系和制度框架,并广泛动员社会力量参与,才能推动西北地区乡村的全面振兴,实现农业农村现代化。

总之,中国西北地区乡村振兴路径研究结论表明,要实现乡村振兴,需要充分发挥资源优势、加强基础设施建设、注重生态保护、引进和培养人才、鼓励创新驱动和科技支撑、推动文化传承与创新以及加强政策支持和制度保障。只有全面推进这些方面的工作,才能实现西北地区乡村振兴的宏伟目标。

7.2 研究展望

7.2.1 中国西北地区乡村振兴路径研究不足

中国西北地区乡村振兴路径研究还存在一些不足之处,主要包括以下几个方面。

1.研究深度不够

目前对于西北地区乡村振兴路径的研究还不够深入,缺乏对当地经济、社会、文化等方面的全面分析和深入研究。这导致了一些具体问题的研究不够透彻,难以提出切实可行的解决方案。

研究深度不够——是西北地区乡村振兴路径面临的挑战。在乡村振兴的大背景下,西北地区因其独特的地理、文化和社会经济背景,其乡村振兴路径具有特殊性。然而,当前对于西北地区乡村振兴路径的研究还存在一些不足,主要体现在研究深度和全面性上。

(1)缺乏对西北地区特性的深入理解

西北地区是一个多元文化、经济和社会结构的地区,具有丰富的历史背景和独特的地理环境。然而,现有的研究往往未能深入挖掘这些特性,导致提出的乡村振兴策略缺乏针对性。例如,对于西北地区的传统农业技术、民俗文化、生态资源等方面,都需要进行深入的挖掘和分析,才能提出真正符合当地实际的策略。

(2)缺乏系统性的经济、社会、文化综合研究

乡村振兴不仅仅是经济的发展,还包括经济、社会、文化等多个方面。然而,现有的研究往往只关注某一方面的研究,缺乏对各方面的综合考量。例如,一些研究只关注农业技术的改进,而忽略了乡村社区建设、文化传承等方面的问题。这导致提出的策略往往不够全面,难以实现真正的乡村振兴。

(3)研究方法不够科学,数据支撑不足

在研究西北地区乡村振兴路径时,一些研究方法可能不够科学,导致研究结果失真。此外,由于数据获取的难度较大,一些研究可能缺乏足够的实证数据支持,提出的策略缺乏说服力。因此,需要采用更为科学的研究方法,加强数据收集和分析,以确保研究的准确性和可靠性。

(4)缺乏实践验证和持续改进

一些研究可能只是停留在理论层面,缺乏对实际操作的考虑和实践验证。这导致提出的策略可能与实际情况存在偏差,难以在实际操作中得到有效实施。因此,需要加强实践验证和持续改进,以确保研究的实用性和有效性。

综上所述,要实现西北地区乡村振兴,需要加强研究的深度和全面性。通过深入理解西北地区的特性、进行经济、社会、文化的综合研究、采用科学的研究方法、加强实践验证和持续改进等方面的工作,可以推动西北地区乡村振兴路径的研究取得更大的进展。

2. 缺乏实证研究

现有的研究大多停留在理论层面,缺乏实证研究。这使得研究结论的可靠性和实用性受到限制,难以在实际工作中得到有效应用。

缺乏实证研究——是西北地区乡村振兴路径研究的缺陷。实证研究是社会科学中极其重要的一部分,它旨在通过收集和分析实际数据来检验理论或假设。然而,在西北地区乡村振兴路径的研究中,实证研究的缺乏是一个明显的问题。

(1)理论与实践的脱节

缺乏实证研究意味着大部分的研究都停留在理论层面,没有经过实际情境

的验证。这样的研究往往与现实情况存在一定的差距,使得理论难以在实际工作中得到有效应用。这不仅限制了研究的实用性,也使得理论的发展受到限制。

(2)结论的可靠性问题

没有实证数据支持的研究结论往往缺乏可靠性。由于没有实际数据来支持研究结果,我们无法确定这些结论在实际操作中的表现。这使得研究结果的应用价值大打折扣,也使得决策者难以根据这些结论制定有效的政策。

(3)研究的深度和广度受限

实证研究需要大量的数据和长时间的观察。缺乏实证研究意味着我们可能无法深入了解西北地区乡村振兴路径的各个方面,也无法全面评估不同策略的效果。这限制了研究的深度和广度,也限制了我们对于这一复杂问题的理解。

(4)持续改进的困难

实证研究是持续改进的基础。没有实证研究,我们很难知道哪些策略有效,哪些策略需要改进。这使得持续改进变得困难,也使得研究的发展变得缓慢。

为了更好地推进西北地区乡村振兴路径的研究,我们需要更多地关注实证研究。只有通过实际的数据和观察,我们才能更好地理解问题,提出更有效的策略,并持续改进我们的工作。

3. 缺乏跨学科研究

乡村振兴涉及经济、社会、文化、生态等多个方面,需要多学科的综合研究。然而,目前的研究往往只局限于某一学科领域,缺乏跨学科的研究,这限制了研究的全面性和深度。

缺乏跨学科研究——是乡村振兴战略中的一大挑战。乡村振兴,作为一个涵盖经济、社会、文化、生态等多方面的复杂议题,需要一个综合、多学科的视角来进行深入研究。但遗憾的是,目前的研究在这方面存在明显的不足。

(1)单一学科的局限性

许多关于乡村振兴的研究往往只局限于某一学科领域,例如经济学、社会学或生态学。这种单一学科的研究方法忽略了乡村振兴的多维度性质,导致研究结果片面,难以提供全面和深入的见解。

（2）跨学科的整合价值

经济、社会、文化和生态等各个领域在乡村振兴中都是相互关联、相互影响的。一个有效的乡村振兴策略需要综合考虑这些因素，而跨学科的研究方法正好可以满足这一需求。通过整合不同学科的知识和方法，我们可以更全面地理解乡村振兴的各个层面，从而提出更有针对性的解决方案。

（3）理论与实践的结合

跨学科的研究不仅有助于深化理论理解，还可以加强理论与实践的结合。通过将理论与实践相结合，我们可以更好地检验和评估各种乡村振兴策略的有效性，为政策制定和实践提供更有力的支持。

（4）未来的研究方向

为了推动乡村振兴研究的深入发展，我们需要鼓励更多的跨学科研究。这需要各学科领域的学者加强合作与交流，打破学科壁垒，共同为乡村振兴这一伟大事业贡献智慧和力量。

缺乏跨学科研究是当前乡村振兴研究中一个不容忽视的问题。为了更好地推进这一领域的发展，我们需要积极倡导和实施跨学科的研究方法，以实现更全面、更深入的理解和解决方案。

4. 缺乏对乡村特色的关注

不同的乡村地区具有不同的特色和优势，需要因地制宜地制定乡村振兴路径。然而，现有的研究往往缺乏对乡村特色的关注，难以提出具有针对性和可操作性的发展方案。

缺乏对乡村特色的关注——是乡村振兴战略中的另一人挑战。乡村振兴，不仅仅是经济上的振兴，更是一个涉及文化、生态、社会等多个层面的系统工程。而在这个过程中，每个乡村因其历史、地理、文化等多重因素，形成了自己独特的特色和优势。

（1）乡村特色的价值

不同的乡村特色是乡村发展的宝贵资源，也是乡村振兴的重要推动力。这些特色可能包括但不限于：自然景观、传统手工艺、地方特产、民俗文化等。然而，在当前的乡村振兴研究中，对这些特色的关注明显不足。

（2）因地制宜的重要性

每一个乡村都有其独特的发展条件和优势，没有固定的发展模式。只有深入挖掘每个乡村的特色和优势，因地制宜地制定发展策略，才能真正实现乡村振兴。缺乏对乡村特色的关注,就意味着我们可能错失了许多宝贵的发展机会。

（3）关注乡村特色

①深入调研:对每个乡村进行深入的调研,了解其历史、文化、地理等多方面信息,发现其独特之处。

②资源整合:整合乡村内部的资源,发掘其内在潜力,形成发展的合力。

③政策引导:政府应出台相关政策,鼓励和引导乡村振兴中关注和利用乡村特色。

④公众参与:提高村民的参与度,让他们意识到自己的乡村特色是宝贵的资源,共同参与到乡村振兴的实践中来。

乡村振兴不仅是经济的振兴,更是文化的振兴、社会的振兴。只有真正关注并利用好每个乡村的特色和优势,才能实现真正的、可持续的乡村振兴。因此,未来的研究和实践应更加注重对乡村特色的挖掘和利用。

5. 政策支持不足

目前对于西北地区乡村振兴的政策支持还不够充分,缺乏系统的政策体系和具体的政策措施。这使得乡村振兴工作的推进受到一定的限制。

政策支持不足——是西北地区乡村振兴的另一制约因素。乡村振兴,作为国家层面的战略,旨在激活乡村经济、提升乡村文化、改善乡村环境,从而全面振兴乡村。然而,在西北地区,这一战略的实施面临着政策支持不足的困境。

（1）政策支持的重要性

政策是乡村振兴的指南针。一套系统、完善的政策体系可以为乡村振兴提供明确的方向和具体的操作路径。同时,政策也是资源、资金和技术流入乡村的重要渠道。

（2）西北地区政策支持现状

目前,西北地区在乡村振兴方面的政策支持尚不充分。这主要体现在以下几个方面。

①缺乏系统性的政策体系:与东部和中部地区相比,西北地区的乡村振兴政策较为分散,缺乏一个系统的、整体的框架来指导工作。

②具体政策措施不足:尽管有一些宏观的政策导向,但具体的、可操作的措施较少,这使得基层在实施乡村振兴时缺乏明确的指导。

③政策执行力度不够:在一些地方,即使有相关政策,但由于种种原因,其

执行力度有限,政策效果大打折扣。

(3)影响与后果

由于政策支持的不足,西北地区的乡村振兴工作受到了一定的限制。

①资源分配不均:缺乏明确的政策引导,可能导致资源分配的不均衡,一些有潜力的项目可能得不到足够的支持。

②发展速度受限:没有系统的政策体系,可能会使西北地区乡村振兴的速度和质量都受到制约。

③区域间差距拉大:长此以往,西北地区与东部、中部地区的乡村振兴差距可能会进一步拉大。

(4)对策与建议

为了更好地推进西北地区的乡村振兴工作,政策层面需要做出以下努力。

①完善政策体系:国家和地方政府应出台一系列针对西北地区特点的乡村振兴政策,形成一个完整的政策体系。

②加强具体措施制定:在宏观政策的指导下,应制定更多具体、可操作的措施,为基层提供明确的行动指南。

③强化政策执行与监督:确保已出台的政策能够得到有效执行,同时建立相应的监督机制,确保政策落到实处。

为了完善中国西北地区乡村振兴路径研究,需要加大研究深度,加强实证研究、跨学科研究和乡村特色研究,同时完善政策支持体系,为乡村振兴工作提供更加全面和实用的支持。

7.2.2　中国西北地区乡村振兴路径展望

中国西北地区乡村振兴路径研究是一个重要的课题,未来可以从以下几个方面进行展望。

1.加强实证研究

加强实证研究是推动乡村振兴战略实施的重要环节,对于深入了解西北地区的经济、社会和文化状况,制定符合当地实际情况的乡村振兴政策具有重要意义。

(1)深入了解西北地区的经济、社会和文化状况是实证研究的基础

通过对当地进行实地调查,收集第一手数据和资料,了解当地的人口结构、经济发展水平、社会治理状况、文化传统等方面的信息。此外,通过与当地居

民、政府官员、企业家等各相关人员进行深入交流,了解他们对乡村振兴的看法和建议。

(2)通过实地调查和数据分析等方法,对当地乡村振兴问题进行深入研究

对收集到的数据和资料进行整理、分析和解读,发现当地乡村振兴面临的主要问题,探究其深层次原因,并提出相应的解决方案。同时,对不同地区、不同村庄的乡村振兴情况进行比较研究,总结出具有普遍意义的经验和教训。

(3)加强与相关部门的合作,获取更准确的数据和信息支持

与当地政府、企事业单位、社会组织等建立良好的合作关系,共享数据和信息,共同推动乡村振兴工作的开展。同时,借助现代信息技术手段,建立信息共享平台,提高数据和信息的管理和使用效率。

综上所述,加强实证研究是推动西北地区乡村振兴战略实施的重要环节。通过深入了解当地经济、社会和文化状况,对乡村振兴问题进行深入研究,并与相关部门合作获取更准确的数据和信息支持,可以制定出符合当地实际情况的乡村振兴政策,推动西北地区实现全面振兴。

2. 开展跨学科研究

开展跨学科研究是推动西北地区乡村振兴的重要手段。这种跨学科的研究方法有助于我们更全面地了解乡村振兴的复杂性和多样性,进一步拓宽研究的广度和深度,为制定科学的发展战略提供有力的支撑。

(1)经济学可以为乡村振兴提供重要的理论指导和实践策略

通过对西北地区经济发展状况的深入研究,我们可以发现制约当地经济发展的主要因素,提出针对性的政策建议,促进当地经济的可持续发展。同时,经济学中的市场机制、资源优化配置等理论也可以为乡村振兴提供有益的启示。

(2)社会学可以为乡村振兴提供更广阔的视野和更深层次的理解

社会学关注社会结构、社会关系、社会治理等方面的问题,可以为乡村振兴中的社会治理、社区建设、社会组织发展等方面提供理论支持和实践指导。通过社会学的视角,我们可以更好地了解当地社会的特点和问题,提出更加符合当地实际情况的社会治理方案。

(3)文化学可以为乡村振兴提供独特的视角和有益的启示

文化是乡村振兴的重要组成部分,通过深入挖掘和保护当地的文化资源,可以促进当地的文化传承和创新发展。同时,文化学中的文化多样性、文化认同等理论也可以为乡村振兴提供重要的思路和方法。

综上所述,开展跨学科研究对于推动西北地区乡村振兴具有重要意义。通过综合运用经济学、社会学、文化学等多学科的理论和方法,我们可以更全面地了解乡村振兴的内在规律和发展趋势,为制定科学的发展战略提供有力的支撑。同时,这种跨学科的研究方法也有助于不同学科之间的交流和合作,促进学术研究的创新和发展。

3. 关注乡村特色发展

在乡村振兴的过程中,关注乡村特色发展是非常重要的。西北地区拥有丰富的文化底蕴和资源优势,可以通过深入挖掘这些资源,结合市场需求和区域特点,推动乡村产业升级和创新发展。

(1)注重保护传统村落风貌和文化遗产

传统村落是西北地区乡村的宝贵财富,也是乡村旅游的重要资源。通过制定科学合理的保护规划,可以保留传统村落的历史风貌和文化特色,同时也可以促进当地经济的发展。

(2)打造具有地方特色的乡村旅游品牌

西北地区的自然景观和人文景观都非常丰富,可以通过整合这些资源,打造具有地方特色的乡村旅游品牌。例如,可以开发乡村民宿、农家乐、农业观光等,吸引更多的游客前来体验和度假。

(3)推广乡村特色产业和产品,促进乡村经济的发展

可以推广当地的特色农产品、手工艺品等,通过市场推广和品牌建设,提高产品的知名度和竞争力。

综上所述,关注乡村特色发展是推动西北地区乡村振兴的重要手段。通过保护传统村落风貌和文化遗产、打造具有地方特色的乡村旅游品牌、推广乡村特色产业和产品等措施,可以促进乡村经济的可持续发展,提高当地居民的生活水平。同时,也有助于传承和弘扬西北地区的优秀传统文化,增强乡村的文化自信和凝聚力。

4. 加强政策支持体系建设

西北地区乡村振兴面临的突出问题包括经济发展滞后、基础设施薄弱、人才流失严重等。针对这些问题,可以从以下几个方面完善相关政策和措施体系。

(1)加大财政投入力度,优化涉农资金使用方式

政府可以通过增加对农业农村的投入,支持乡村产业发展、基础设施建设、

教育医疗等领域的项目。同时,应该优化涉农资金的使用方式,确保资金的有效利用,避免浪费和滥用。

(2)引导金融资本和社会力量参与乡村振兴建设

金融机构可以推出适合乡村发展的金融产品和服务,为乡村经济发展提供资金支持。同时,鼓励社会力量参与乡村振兴建设,通过投资、捐赠等方式支持乡村发展,形成政府、企业、社会共同参与的多元投入机制。

(3)建立健全土地流转制度和社会保障机制

土地流转是实现农业规模经营、促进农业现代化的重要手段。政府应该建立健全土地流转制度,规范流转程序,保障农民的土地权益。同时,完善农村社会保障机制,提高农民的医疗、养老等社会保障水平,减少农民的后顾之忧,让他们有更多的精力和信心投入到乡村振兴建设中。

(4)注重人才培养和引进

人才是乡村振兴的关键因素之一。政府应该加大对农民的教育和培训力度,提高他们的素质和能力,培养一支有知识、有能力、有情怀的乡村人才队伍。同时,引进外部人才,鼓励大学生回乡创业,为乡村发展注入新的活力和动力。

综上所述,完善相关政策和措施体系是解决西北地区乡村振兴面临的问题的重要途径。通过加大财政投入力度、引导金融资本和社会力量参与、建立健全土地流转制度和社会保障机制、注重人才培养和引进等措施,可以为西北地区乡村振兴创造良好的环境和条件。

5.推进城乡融合发展

推进城乡融合发展是实现乡村振兴的重要途径之一。加强城乡之间的互动交流和资源共享,促进城乡要素合理流动和市场一体化。统筹规划城乡基础设施建设、公共服务等方面的资源分配,缩小城乡差距,实现城乡协调发展。以下是一些具体的措施。

(1)加强城乡互动交流

通过建立城乡交流平台,促进城乡之间的信息、技术、人才等资源的流动和共享。鼓励城市向农村提供技术、资金和人才支持,同时引导农村的特色产业和优秀文化进入城市,形成互利共赢的局面。

(2)优化资源配置

统筹规划城乡基础设施建设、公共服务等方面的资源分配,确保城乡居民享有同等的基本公共服务。加大对农村地区的投入,提高农村基础设施和公共服务水平,缩小城乡差距。

(3)促进市场一体化

打破城乡市场壁垒,促进城乡要素合理流动,推动城乡统一市场的形成。鼓励农业企业、农民合作社等市场主体参与市场竞争,提高农业的效益和竞争力。

(4)推动产业融合

培育农业与二、三产业的融合发展,延伸农业产业链,提高农产品附加值。发展乡村旅游、休闲农业等新业态,推动农村产业结构升级,增加农民收入来源。

(5)完善政策体系

制定和完善支持城乡融合发展的政策措施,包括财政、税收、金融等方面。加大对农村地区的金融支持力度,完善农村信用体系,为城乡融合发展提供政策保障。

(6)加强组织领导

建立健全推进城乡融合发展的组织机构和工作机制,明确责任分工,加强部门协同。同时,加强宣传教育,提高城乡居民对城乡融合发展的认识和参与度。

通过以上措施的实施,可以进一步促进城乡之间的互动交流和资源共享,实现城乡协调发展,为乡村振兴战略的实施提供有力支撑。

6. 培养乡村人才队伍

培养乡村人才队伍是推进城乡融合发展和实现乡村振兴的关键环节。要加强农村实用人才培养和引进工作,提高农民科技素质和经营管理能力。鼓励大学生村官、科技特派员等群体扎根基层,为乡村振兴提供智力支持和人才保障。以下是一些关于培养乡村人才队伍的措施。

(1)加大教育投入

提高农村地区的教育水平,特别是基础教育。增加农村学校的师资力量和教学设施,提高农村学生的综合素质和知识水平。

(2)开展实用技能培训

针对农民开展实用技能培训,包括农业技术、手工艺、电子商务等。帮助他们提高就业能力和创业能力,增强他们在市场竞争中的竞争力。

（3）引进外部人才

鼓励和支持城市的人才到农村地区工作和生活,为农村发展注入新的活力和创意。提供优惠政策,如住房补贴、创业扶持等,吸引更多的人才来到农村。

（4）鼓励大学生村官和科技特派员扎根基层

通过提供良好的工作和生活条件,以及职业发展机会,鼓励大学生村官和科技特派员在农村地区长期工作。让他们成为推动乡村振兴的重要力量。

（5）建立人才库

通过建立农村人才库,将农村的人才资源进行整合和优化。为各类人才提供展示自己的平台,同时也便于企业和政府部门发掘和利用这些人才资源。

（6）完善激励机制

通过设立奖项、提供晋升机会等方式,激励农村人才为乡村振兴做出贡献。同时,加大对优秀人才的宣传力度,提高他们的社会知名度和影响力。

（7）加强组织领导

建立健全乡村人才队伍建设的组织机构和工作机制。明确各级政府和部门的责任分工,加强政策协调和资源整合,确保乡村人才队伍建设的顺利推进。

通过以上措施的实施,可以培养一支有素质、有能力、有创新精神的乡村人才队伍,为乡村振兴提供坚实的人才保障。

7. 强化组织领导作用

加强各级党委和政府对乡村振兴工作的领导和管理,明确责任分工和工作流程。建立考核评价机制和奖惩制度,激励广大干部群众积极投身到乡村振兴事业中来。

推动完善考核监督、激励约束机制,督促党委常委会委员、政府领导班子成员根据职责分工抓好分管行业(领域)或者部门(单位)乡村振兴具体工作。市级党委和政府负责本地区乡村振兴工作,做好上下衔接、域内协调、督促检查,发挥好以市带县作用。

市级党委和政府主要负责人是本地区乡村振兴第一责任人,责任主要包括:研究提出推进乡村振兴的阶段目标、年度计划和具体安排,及时分解工作任务,指导县级抓好落实,对乡村振兴有关项目实施、资金使用和管理、目标任务完成情况进行督促、检查和监督。

总之,未来中国西北地区乡村振兴路径研究需要不断深化和完善,以适应新时代的发展要求和挑战。通过多方面的努力和实践探索,推动西北地区乡村振兴取得更加显著的成效。

参 考 文 献

［1］贾高建.全面建成小康社会与全面建成社会主义现代化国家［J］.当代世界
与社会主义,2017(6):4-8.

［2］贾澎.传统文化在当今农村的传承价值及其影响力探究:评《中华优秀传统
文化在新农村建设中的价值与作用研究:以关中地区为例》［J］.领导科学,
2022(4):155.

［3］张丽琴,纪志耿.习近平关于"三农"工作重要论述的发展脉络与创新性贡
献［J］.经济学家,2021(7):27-34.

［4］冉崇民.美国农业:如何在市场经济中实现政府目标？［J］.经济问题探索,
1995(3):44-46.

［5］张含.农民专业合作社在农业综合开发中的地位研究［D］.太原:山西财经
大学,2012.

［6］朱梦妮,卜素.乡村振兴促进法是实施乡村振兴战略的重要保障［J］.中国
农业资源与区划,2022,43(7):124+131.

［7］史云,孙泽宇,彭伟秀,等.传统的未来:乡村文化振兴机制研究［J］.河北农
业大学学报(社会科学版),2020,22(2):84-92.

［8］陈晓玲.数字经济推动乡村产业振兴的路径探究［J］.新丝路(中旬),2022
(12):99-101.

［9］曹春华.乡村规划发展与机制建设探讨:统筹城乡发展背景下西部部分地
区乡村规划建设考察报告［J］.规划师,2010,26(1):10-15.

［10］宋月萍.流动人口家庭成员年龄构成、公共服务与消费研究［J］.人口与发
展,2019,25(2):86-96.

［11］邓一君.西北生态脆弱区生态补偿标准的经济学实证研究［D］.兰州:兰州
理工大学,2014.

［12］王莺,王健顺,张强.中国草原干旱灾害风险特征研究［J］.草业学报,
2022,31(8):1-12.

[13] 吴阳.基于当地气候和生态环境的交通景观设计研究[J].公路,2023,68
(8):286-291.

[14] 张月鲜,孙向阳,张林,等.我国西北地区不同类型草原土壤有机质的稳定
碳同位素特征研究[J].土壤通报,2013,44(2):348-354.

[15] 张晋江.晋西北地区的可持续发展[J].改革与战略,2005(8):60.

[16] 马吉.基于水利建设的农业防旱凝聚力评价:以鼎城区为例[J].中国宽
带,2019(4):1-3.

[17] 李正军.西北地区乡村振兴的制约因素及破解策略探析:以甘肃省环县为
例[J].农村经济与科技,2022,33(9):149-151.

[18] 刘佳.甘肃高校人才流失预警指标体系构建研究[D].兰州:西北民族大
学,2016.

[19] 钱宏伟.金融支持农村精准扶贫的困境及对策研究:以云南省为例[D].兰
州:西南财经大学,2020.

[20] 刘良军.统筹乡村产业振兴与县域经济发展[J].当代县域经济,2019
(10):14-17.

[21] 阳梦华.乡村振兴战略下产业兴旺的实现路径分析[J].产业创新研究,
2020(16):4-6+16.

[22] 郑毅.乡村振兴战略背景下产业兴旺实现路径[J].乡村科技,2019(36):
39-41.

[23] 石晓勇.种养结合循环绿色农牧业发展技术模式研究[J].农业科学,
2022,5(5):4-7.

[24] 吴勘,田军.陕西民间艺术资源的数字化保护与利用方法[J].中小企业管
理与科技(下旬刊),2012(4):271-272.

[25] 刘伟.乡村振兴战略背景下增加农民收入的问题研究和路径选择[J].中
文科技期刊数据库(全文版)经济管理,2022(11):32-35.